AS LEIS DE AÇO

Ryuho Okawa

AS LEIS DE AÇO

VIVA COM RESILIÊNCIA, CONFIANÇA E PROSPERIDADE

IRH Press do Brasil

Copyright © 2020 Ryuho Okawa

Edição original © 2019 publicada em japonês: *Kōtetsu no Hō – Jinsei wo Shinayaka ni, Chikarazuyoku Ikiru*

Edição em inglês: © 2020 *The Laws of Steel – Living a Life of Resilience, Confidence and Prosperity*

Tradução para o português: Happy Science do Brasil

Coordenação editorial: Wally Constantino

Revisão: Laura Vecchioli e Agnaldo Alves

Capa: Maurício Geurgas

Imagem de capa: IRH Press Japan

IRH Press do Brasil Editora Limitada

Rua Domingos de Morais, 1154, 1º andar, sala 101

Vila Mariana, São Paulo – SP – Brasil, CEP 04010-100

Todos os direitos reservados.

Nenhuma parte desta publicação poderá ser reproduzida, copiada, armazenada em sistema digital ou transferida por qualquer meio, eletrônico, mecânico, fotocópia, gravação ou quaisquer outros, sem que haja permissão por escrito emitida pela Happy Science do Brasil.

ISBN: 978-85-64658-47-9

Sumário

Prefácio 9

Capítulo UM
A mentalidade que atrai prosperidade

1. Tanto a "felicidade" como a "prosperidade" estão dentro de você 13
2. O "ciclo do sucesso" que permite prosperar 20
3. A mentalidade que atrai prosperidade 28
4. Como colocar em prática a mentalidade da prosperidade 35
5. Habitue-se a perceber as "sementes da prosperidade" que estão à sua volta 44

Palavras que vão transformar a vida I
O modo de pensar gera uma força enorme 46

Capítulo DOIS
A Lei de Causa e Efeito
Não há sucesso sem o equivalente esforço

1. Três mil palestras em pouco mais de trinta anos 51
2. Nada é conquistado num único salto 61

3 Muitas coisas você só aprende com os outros 71
4 Ser humilde é "ter uma postura de quem quer aprender" 78
5 Esforce-se enquanto elimina as ferrugens 85

PALAVRAS QUE VÃO TRANSFORMAR A VIDA 2
Obter o brilho da alma e a qualidade da virtude por meio das provações 90

CAPÍTULO TRÊS
Para cumprir um nobre dever
Como desenvolver pessoas e nações que produzem valores e dão sua contribuição ao mundo

1 O que os novos sistemas e a IA proporcionarão ao ser humano 95
2 Os robôs não conseguem realizar um trabalho com valor espiritual 101
3 Prepare-se para a "era do homem centenário" 109
4 Como receber inspirações para o trabalho 116
5 O "pacifismo de nação única" do Japão deve ser revisado 123
6 O dever de proteger as pessoas do domínio de nações despóticas 130

PALAVRAS QUE VÃO TRANSFORMAR A VIDA 3
Uma "pequena iluminação" leva tanto o indivíduo como a organização ao sucesso. 136

CAPÍTULO QUATRO
Tenha confiança na sua vida
*Construa um "reino do coração" e propague
o "projeto do futuro do mundo"*

1 Como ter entusiasmo capaz de mudar a si mesmo
  e levar seu trabalho ao sucesso 141
2 Palavras e energia podem mudar seu ambiente
  e o mundo.. 149
3 O Partido Republicano de Trump é semelhante
  ao PRF 156
4 O modelo proposto pelo PRF para o Japão
  do futuro.. 161
5 Pontos que o Japão deve reconsiderar 170
6 Novas ideologias e projetos futuros do mundo
  que o Japão deve emitir 175

PALAVRAS QUE VÃO TRANSFORMAR A VIDA 4
Mensagem de El Cantare, o Deus da Terra..........................180

CAPÍTULO CINCO
O desejo do Salvador
Como despertar para a atitude de viver em prol do mundo

1 A consciência de que o seu verdadeiro "eu" é a alma .. 185
2 A fé para se tornar uno com Deus ou Buda 189
3 Os esforços que se exigem de um Salvador................ 193

4   A religião de que o mundo precisa 203
5   Leve uma vida plena como instrumento de Deus
    ou Buda 206

PALAVRAS QUE VÃO TRANSFORMAR A VIDA 5
Se quiser proteger, abandone. 210

CAPÍTULO SEIS
O poder que opera milagres
Desbrave seu futuro com um coração transparente,
a prática do amor e a oração

1   O poder de trazer o futuro para o presente 215
2   Trabalho contínuo baseado em milagres 219
3   Mais pessoas vivenciarão milagres daqui para
    a frente 225
4   O mundo está repleto de grandes milagres................ 233
5   O poder que opera milagres e muda o mundo 240

Posfácio 245
Sobre o autor.. 247
Sobre a Happy Science... 251
Contatos 253
Partido da Realização da Felicidade 256
Universidade Happy Science 257
Filmes da Happy Science 258
Outros livros de Ryuho Okawa 260

Prefácio

Este livro vai orientá-lo para que você viva com resiliência[1] e confiança. Não utilizei palavras difíceis; dei ensinamentos práticos com muitos exemplos que se aplicam a pessoas de diversos perfis.

Você entende a importância da fé? Mesmo crendo na existência de Deus ou Buda, você é capaz de aceitar que sua vida é baseada na *Lei de Causa e Efeito*?

Você consegue compreender as minhas críticas severas em relação à situação atual da política, que apenas incentiva as pessoas a pensarem no que podem receber do governo?

Você é capaz de entender que todas as pessoas, de todas as nações, estão vivendo pelos rumos da política internacional?

---

1 Como o bambu – que consegue suportar qualquer tempestade, pois se curva, mas não se quebra –, resiliência é flexibilidade, é a capacidade que o ser humano tem de se adaptar às mudanças ou de se recuperar facilmente das adversidades. Ver *O caminho da felicidade*. São Paulo: IRH Press do Brasil, 2011. (N. do E.)

E você pode perceber que a última e maior religião de escala mundial está erguendo seus pilares, à medida que cria seu caminho do mesmo modo que o aço é forjado em brasa?

Ryuho Okawa
Dezembro de 2019

Capítulo Um

A mentalidade que atrai prosperidade

1
Tanto a "felicidade" como a "prosperidade" estão dentro de você

Sua forma de absorver um assunto depende do seu estado mental

Neste capítulo, eu gostaria de me concentrar nas ideias ou formas de pensar que levam à prosperidade. Preciso abordar temas como esse todos os anos ou a cada período de alguns anos, de ângulos diferentes, pois existe uma tendência de que os meus leitores o esqueçam facilmente.

Dependendo do estado mental ou das circunstâncias em que se encontra, você pode não captar o que eu transmito. Mesmo que você diga: "Eu já li várias vezes", a cada leitura, sua maneira de compreender será diferente; talvez até nem aprenda nada. Por outro lado, você poderá entender muito bem se estiver lendo numa época oportuna. Para cada pessoa, o momento de adquirir esses ensinamentos ou compreender esses conceitos é diferente.

O conto do filhote de gato que tenta capturar a felicidade

A mentalidade que atrai a prosperidade se parece com a busca pela felicidade, sobre a qual já expliquei usando a parábola do gato, num poema[2] de abertura da revista mensal da Happy Science.

Um filhote pensou o seguinte: "Para um gato, a felicidade é seu rabo. Por isso, vou agarrá-lo de qualquer jeito". Porém, por mais que ele perseguisse o próprio rabo, só ficava correndo em círculos e não conseguia capturá-lo. Um gato de idade avançada, que observava a cena, ensinou-lhe: "Desista e faça o que você tem de fazer. Siga o seu caminho e, então, vai perceber que o rabo virá atrás de você".

Encontrei essa parábola no livro de um psicólogo americano, e ela marcou profundamente minha juventude. O curioso é que a felicidade foge enquanto você a persegue; porém, se você não lhe der atenção e continuar com seus passos como de costume, ela virá seguindo logo atrás. Na verdade, você já a possui. É como o gato que já tem a cauda; por isso, se você caminhar da forma mais natural, ela virá junto sempre.

---

2 Estes poemas hoje estão compilados na série *Um Guia para o Coração*. Ver Revista Happy Science nº 207, São Paulo: Happy Science do Brasil, agosto de 2012.

Mas, se você correr atrás dela pensando que vai encontrá-la do lado de fora, ela ficará apenas escapando. E, assim como o felino que fica correndo em círculos, você ficará tonto. No final, achará que não é possível agarrar a felicidade e acabará desistindo.

Em suma, na verdade a felicidade está dentro de você e lhe pertence. Entretanto, se tentar agarrá-la, não conseguirá. Em vez disso, se você ignorá-la e apenas viver da forma mais natural possível – ou seja, estudando, trabalhando, agindo, pensando como sempre e fazendo o que precisa ser feito normalmente –, quando perceber, sua felicidade o estará seguindo. Aqueles que já viveram quarenta, cinquenta, sessenta anos ou mais provavelmente irão concordar com essa história.

Os jovens, em particular, correm atrás do "rabo da felicidade" com todo o empenho. Porém, apenas giram em círculos e nunca conseguem agarrá-lo. Ficam frustrados porque, apesar de terem a impressão de que estão quase alcançando, quando tentam mordê-lo, a cauda escapa. Uma hora mudam de ideia: "Já chega! Não preciso do rabo. Ouvi dizer que ele era a felicidade e que, se eu o capturasse, poderia ser feliz, mas não vou mais ligar para isso. Devo me concentrar nas tarefas do cotidiano". E quando se dão conta, percebem que podem controlar a cauda do jeito que quiserem. Essa é uma forma de pensar que pode ser aplicada a tudo.

• As leis de aço •

A prosperidade não está em algum lugar remoto

A prosperidade, o tema deste capítulo, é uma das formas pelas quais a felicidade desabrocha. Expressa como "prosperidade", a felicidade vai além da satisfação pessoal e engloba aspectos mais amplos como famílias e empresas, chegando até mesmo ao âmbito de uma nação. A prosperidade tem diferentes graus de alcance, mas uma forma de pensar semelhante se aplica a todos os níveis.

A prosperidade também é um elemento que você já possui dentro de si. Basta ter motivação e ela vai segui-lo. Mas, sem perceber isso, muitos a buscam em algum lugar, achando que ela se situa além das montanhas ou num céu longínquo. Talvez seja algo como um socialismo fantasioso ou como a palavra "utopia", cuja origem significa "local que não existe". É a ideia de que você pode encontrar uma "terra da felicidade" em algum lugar e obter algo que não existe ao seu redor.

Em meu livro *As Leis do Sucesso*[3], incluí uma história sobre a cidade dos bem-sucedidos. Contei que para conseguir entrar nela é preciso ser bem-sucedido. Uma pessoa que ainda não alcançou o sucesso tende a desejar entrar na cidade, imaginando que lá

---
3 *As Leis do Sucesso*. São Paulo: IRH Press do Brasil, 2019.

obterá sucesso. Mas, se ela tem a aparência de um miserável, está desempregada e não tem dinheiro, não será reconhecida como cidadã.

Nessa história, o prefeito diz ao pobre viajante: "Você não viu uma vila no caminho antes de vir para cá? Era lá que você tinha de ganhar dinheiro, melhorar sua aparência, arranjar um emprego ou se dedicar aos estudos. Não acha que faltou essa parte do processo, a "etapa intermediária"? Se tivesse feito isso antes, seria recebido como amigo no nosso grupo e partilhado o sucesso conosco. Por que você ignorou esses passos e veio direto para cá despreparado? Se você se veste como um maltrapilho, parecendo um mendigo, nenhuma casa vai querer convidá-lo para entrar. Se você mesmo avistasse andando pelas ruas um indivíduo que parece ávido por receber uma esmola, não gostaria de ter a companhia de alguém desse tipo.

"Se, em vez disso, você estivesse usando um bom terno e gravata e passasse uma imagem de um homem de negócios bem-sucedido, ao se apresentar bem arrumado todos iriam querer ouvir sua história, na expectativa de alguma oportunidade de negócios. Caso contrário, iriam pensar: 'O que ele quer?' e teriam medo de você. Existe todo um processo; portanto, não adianta pular as etapas intermediárias e querer apenas agarrar os bons resultados do final". Essa é outra forma de transmitir a mesma maneira de pensar.

Com frequência, a prosperidade é comparada ao processo de crescimento de uma planta até que floresça: semeadura, cultivo, crescimento do caule e das folhas, surgimento dos botões e florescimento. A prosperidade é, no nível individual, a fase da vida em que ocorre esse florescimento. No âmbito de uma empresa ou uma organização, ela é também a satisfação que um grande sucesso proporciona aos funcionários, fazendo-os sentir que cresceram em comparação com o ano anterior e esperam um avanço ainda maior no ano seguinte.

Além disso, podemos dizer que, no lar, a prosperidade é uma sensação positiva que a esposa percebe no marido quando ele volta do trabalho, conta como foi o dia e ela nota o quanto ele está progredindo na função, assim como a empresa.

E como você pode alcançar esse estado? É lógico que não com a mentalidade que apresentei antes: procurar um local especial e encontrar a Terra Utópica ou conhecer uma pessoa excepcional e ganhar o Martelo da Prosperidade[4].

Claro, isso ocorre em algumas fábulas. Uma delas, por exemplo, conta que um personagem dá atenção a

---

[4] Este é um martelo mágico que, em japonês, se chama *uchide no kozuchi*. É um dos tesouros citados em fábulas e contos japoneses que, segundo a lenda, ao ser brandido, gera diversos tipos de riqueza. (N. do T.)

um ogro brincando com ele; este recompensa o protagonista com um Martelo da Prosperidade. Outra história relata que um senhor caminhava pela montanha quando encontrou a Cachoeira Yoro – conhecida como a "cachoeira que conforta os idosos", de onde jorrava saquê. Ao tomar a bebida alcoólica, ele se curou de sua doença. Isso é possível nos contos, mas não na vida real. Na prática, essas histórias corresponderiam a um sucesso inesperado que até poderia ocorrer ao longo da vida. Mas não é esse o tipo de êxito que a maioria das pessoas deve buscar.

2
O "ciclo do sucesso" que permite prosperar

Lições sobre o dinheiro no filme *O Homem do Milhão*

Nosso filme *As Leis do Universo – Parte I*[5] estreou nas telas dos cinemas japoneses em outubro de 2018. Uma semana depois, o filme *O Homem do Milhão*[6], do diretor Keishi Ōtomo, foi lançado no Japão e competiu conosco. Nosso filme se saiu melhor e o outro não conseguiu acompanhar o desempenho do nosso. Fui assistir ao filme do concorrente quando seu período de exibição estava terminando. Seu enredo era como eu imaginava: o que uma pessoa faria se ganhasse 3 milhões de dólares na loteria.

O protagonista fez uma pesquisa no computador sobre o destino que diversos vencedores de loteria tiveram e só encontrou casos de desgraça. Depois, foi

---

[5] Produção executiva e história original de Ryuho Okawa, distribuído por Nikkatsu, 2018.
[6] Título original: *Oku Otoko*. Distribuído por Toho, 2018.

ao banco e lhe disseram: "Com milhões de dólares em mãos, você só fará bobagens; então, deixe seu dinheiro conosco e pensaremos em como aplicá-lo para você". Mas ele decidiu consultar um colega de faculdade – que dirigia uma *startup*[7] na área da tecnologia da informação e havia se tornado milionário –, em busca de conselhos sobre o que fazer com aquela fortuna.

A história original do livro conta que o protagonista e o amigo faziam parte de um grupo de estudos da arte *rakugô*[8] de contar histórias humorísticas, e que o colega, mais tarde, acumulou um patrimônio de 150 milhões de dólares.

O sortudo procurou seu colega imaginando que, se ele tinha acumulado tanto dinheiro, saberia dizer-lhe como poderia usar a fortuna, apesar de não se verem por mais de dez anos.

O amigo deu o seguinte conselho: "De que adianta você dizer que tem dinheiro no banco? Se você nunca viu a cor das cédulas na prática, não terá a sensação real de possuí-las. Então, vá sacar os

---

7 Refere-se a uma empresa formada por um grupo de pessoas em busca de um modelo de negócio repetível e escalável, que trabalha em condições de extrema incerteza. (N. do E.)

8 *Rakugô* é uma arte japonesa tradicional de contar histórias humorísticas, baseada em monólogos. O humorista, sentado numa almofada no meio do palco, conta uma situação ou história por meio da fala e de gestos. Uma de suas características principais é a conclusão humorística da história. (N. do T.)

3 milhões". Ele ainda o incentivou da seguinte forma: "É só gastando que você vai sentir a fortuna de fato. Primeiro, você precisa passar por experiências para perceber o quanto o dinheiro é gratificante".

Então, no apartamento de luxo do colega eles deram uma festa extravagante, convidaram moças de boate, contrataram chefs para preparar-lhes sushi fresco e um barman para fazer os drinques para os convidados. Depois de horas de farra, o protagonista caiu no sono.

Ao acordar de manhã no apartamento bagunçado, percebeu que todos já haviam ido embora. Preocupado com seus 3 milhões, foi examinar o cofre que havia no recinto, onde deixara o dinheiro em segurança. Mas o dinheiro havia sumido, e o amigo também. Levou um grande susto, pois confiava na amizade, porém percebeu que fora enganado e saiu à procura do amigo.

O filme mostra a luta e a aflição do personagem principal para recuperar seu dinheiro. Não devo contar todo o filme, mas a moral da história que ele deixa é que existem coisas que o dinheiro não compra, como confiança e amizade.

De fato, há pessoas que acham que o dinheiro compra tudo.

Ninguém ensina como se deve usar o dinheiro

Para começar, é difícil ganhar dinheiro. Também é difícil adquirir o hábito de ganhar e poupar dinheiro. Aliás, se você não tiver sucesso, não terá receita. A maioria das pessoas acha que a fase de poupar, antes de poder finalmente usar o dinheiro, é a mais extenuante. E depois que você de fato dispõe de um montante, não encontra praticamente ninguém que possa ensinar como se deve usá-lo. Eu mesmo nunca conheci alguém que pudesse.

Existem muitos livros que ensinam como ganhar dinheiro, mas dificilmente alguém explica como usá-lo. Com certeza, algumas pessoas gastam quantias enormes, mas escrever sobre isso e publicar um livro contando como elas o gastam seria um pouco de exibicionismo. Se você tornasse público o tamanho da sua fortuna, muitos interesseiros logo iriam se aproximar para tirar vantagem. Além disso, a receita federal iria investigá-lo, para saber se você não estaria cometendo alguma fraude. Por causa dessas questões, quanto mais rica é uma pessoa, mais ela mantém segredo sobre seus gastos e como aplica o seu capital.

Ao conduzir a Happy Science por mais de trinta anos, eu mesmo passei pela experiência de ver o montante circulante crescer num ritmo acelerado. Em contrapartida, no período em que eu era um assalariado, embora o hábito de poupar fosse uma de minhas metas, ainda não tinha ideia de como aplicá-lo. Quando de fato fundei a organização, realmente não havia ninguém que pudesse me dizer como eu poderia empregar o dinheiro que havia juntado. Por isso, eu precisava decidir por mim mesmo sobre os investimentos, executá-los e avaliar se tinha feito uma boa escolha ou não. Passei por inúmeras experiências dessa natureza.

A partir dessa fase, você só conta com a intuição; porém, o modo como você viveu até então é que determina se sua intuição será acertada ou não. Se você ganha 3 milhões numa loteria, mas gasta com apostas de corrida de cavalos ou em Las Vegas, toda sua fortuna vai se esvair num instante.

O desafio do "ciclo do sucesso": juntar, investir, lucrar

Quando assisti a *O Homem do Milhão*, perguntei a um dos meus secretários, que me acompanhava: "Se você tivesse 3 milhões de dólares, o que faria?". Ele respondeu: "3 milhões? Que tal um filme?". Então, expliquei-lhe: "Bem, com 3 milhões você conseguiria produzir um filme de investimento médio, mas não do tamanho que a Happy Science produz". Foi uma grande surpresa para ele.

Produzir filmes pode ser uma das formas de empregar o dinheiro. Alguns diretores gastam com a criação de um filme que passa longe da preferência das pessoas. Outros investem em obras que permitem dar continuidade no ramo e consegue ampliar bastante seu capital. Às vezes, vemos alguém que gasta centenas de milhares de dólares em um filme e consegue lucrar dezenas de milhões, mas esses casos são raros e geralmente é difícil até mesmo equilibrar as contas. A maior parte do trabalho dos diretores é conseguir apoio dos patrocinadores. Juntar dinheiro é mais desafiador do que a gravação das cenas.

No caso dos filmes japoneses, quase não se vê a figura do produtor executivo. Só se nota a presença dessa função nos filmes da Happy Science e na franquia *Rurouni Kenshin*[9] ("Samurai X"), que contou com patrocinadores estrangeiros. Na verdade, os produtores executivos são semelhantes a patrocinadores, mas dão opiniões sobre a obra dizendo, por exemplo: "Quero um filme hollywoodiano". Geralmente sou visto mais como um patrocinador; não que isso me incomode, mas costumo dar sugestões.

---

9 Exibida no Japão, a franquia reúne três filmes: *Rurouni Kenshin* (2012), *Rurouni Kenshin: Kyoto Inferno* (2014) e *Rurouni Kenshin: The Legend Ends* (2014).

Seja como for, para continuar com um empreendimento é preciso alcançar determinado sucesso e mantê-lo, caso contrário será difícil sobreviver. Fracassos consecutivos causam danos e podem levar à falência. Assim, podemos concluir que, para prosperar, precisamos criar um *ciclo do sucesso*.

Por exemplo, se você investe 3 milhões de dólares na produção de um filme e obtém lucro com a arrecadação de bilheteria, terá coragem para executar o próximo projeto. Se o lucro for grande, conseguirá até cobrir as despesas de produção do próximo filme. Infelizmente, porém, os filmes japoneses raramente conseguem chegar a esse nível. Os produtores dão graças a Deus só de não ficarem no déficit. O fato é que a maioria dos filmes japoneses acaba no vermelho, mesmo que tenham sido investidos centenas de milhares de dólares. É realmente desafiador atrair o público, pois os japoneses não têm o hábito de ver filmes em cinemas.

O modo como você usa o dinheiro revela o seu *verdadeiro caráter*

Como vimos, primeiro é importante acumular determinada quantia de dinheiro. Na etapa seguinte, o essencial é saber como usar esse dinheiro – onde investi-lo ou comprar algo que o indivíduo considera necessário de imediato. Essa decisão reflete muito bem o *verdadeiro caráter* da pessoa.

Vamos pegar, por exemplo, a compra de uma casa. Antigamente, na fase do crescimento econômico acelerado no Japão, a valorização patrimonial era previsível. Por isso, era comum as pessoas terem a seguinte mentalidade: "É melhor pegar um financiamento no banco de 25 ou 30 anos e construir uma casa o quanto antes. Dessa forma, posso ter a casa própria na fase de crescimento das crianças, e isso é gratificante". Por outro lado, há indivíduos que temem fazer um empréstimo por um período tão longo e preferem primeiro esperar os filhos crescerem e se tornarem independentes. Eles trabalham até se aposentarem e só depois compram uma casa para viver a terceira idade. Portanto, cada um pensa de um jeito, e as diferentes "mentalidades" levam a resultados distintos.

3
A mentalidade que atrai prosperidade

Sua mentalidade vai determinar se você será bem-sucedido ou não

Neste capítulo, não pretendo falar somente de dinheiro. Eu gostaria de descrever também a atitude mental que constitui a base para se alcançar a prosperidade. O que definirá se você vai ser ou não bem-sucedido é a sua atitude mental, ou melhor, a *mentalidade* que você adota. De fato, essa atitude mental irá ditar os pensamentos que atraem a prosperidade. Esse é um conceito de suma importância. Em outras palavras, é fácil entender o que é a atitude mental. Na prática, porém, não é tão fácil mudarmos nossa mentalidade.

Vamos relembrar os contos citados anteriormente. É árduo encontrar a Cachoeira que Conforta os Idosos, por onde flui saquê, nas profundezas de uma montanha inabitada. Também é desafiador encontrar alguém que nos dê um Martelo da Prosperidade. Contudo, assim como o "rabo do gato", na verdade o que nos traz felicidade ou prosperidade está dentro de nós. É a sua "mentalidade", ou seja, sua atitude mental que o leva ao sucesso e à prosperidade; essa é a maneira de pensar diferente das fábulas.

A "fórmula do sucesso" na qual a classe média acredita

Que tipo de atitude mental nós precisamos ter? É exatamente esse aspecto da mentalidade que eu gostaria de analisar agora.

Por exemplo, por não conhecerem outros caminhos, pessoas da classe média geralmente adotam a seguinte estratégia: "Seja como for, vou colocar meus filhos em uma escola 'puxada' desde pequenos para que consigam ser aceitos em universidades difíceis de ingressar. Quando receberem o diploma, basta que escolham um bom emprego; assim, a eficácia dos estudos será reconhecida e eles terão sucesso". Essa é a mentalidade básica de uma mãe japonesa apegada ao currículo escolar e à forma com que os colégios abordam os sonhos para "pescar" as mães.

Mas imagine como ficaria uma criança que: frequenta escolas exigentes desde o ensino fundamental; passa por exames de admissão para ser aceita no ensino médio em colégios renomados; estuda por métodos diferentes das escolas públicas; faz cursinhos ou tem aulas com professores particulares e, passando por tudo isso, ingressa numa faculdade de primeira classe. Falando em termos objetivos, no Japão, no caso de um estudante que se desgasta passando por todo esse processo, se ele optar pelo caminho que a maioria segue daí em diante, geralmente seu destino final será ingressar numa sólida empresa de grande porte e se enquadrar numa faixa de renda anual entre 80 mil e 120 mil dólares.

Mesmo que se dedique por quase duas décadas sendo massacrado pela pressão, ele ficará satisfeito em se tornar chefe de divisão, enquanto a média chegará a chefe de seção. Na melhor das hipóteses, ficará feliz com o cargo de diretor, dependendo do tamanho da empresa em que estiver. E mesmo que tenha alguma pós-graduação ou especialização, sua renda anual ficará entre 120 mil e 200 mil dólares.

Dizem que, no Japão, os médicos ganham um pouco mais; porém, aqueles que têm consultórios particulares, parece que precisam de uma receita anual da ordem de 400 mil dólares, pois os custos operacionais são enormes. De fato, há clínicas e hospitais que entram no vermelho e precisam recorrer a empréstimos bancários ou à ajuda de membros da família para conseguir manter os negócios.

Por outro lado, os médicos contratados pelo sistema público de saúde têm uma remuneração mais baixa, recebem só um pouco mais que a média dos funcionários assalariados de uma empresa e devem se aposentar quando chegar o momento. Portanto, também não conseguem construir uma fortuna.

Recentemente, certa faculdade de medicina japonesa cometeu fraudes nas provas de admissão. Seja como for, não se sabe se vale a pena tentar o vestibular nesse ramo por quatro ou cinco anos, pois o retorno do investimento é incerto.

Assim, a "fórmula do sucesso" na qual a maior parte da classe média acredita não levará o indivíduo a um êxito tão grande. A pessoa conseguirá pelo menos não morrer de fome por toda a vida; ingressará numa empresa com certo prestígio e levará uma vida um pouco melhor que a média até os últimos dias. Mas não irá além desse padrão. Em outras palavras, no máximo ela assumirá uma posição social na qual se contentará em colocar os filhos em escolas de qualidade, em bons colégios particulares e numa universidade renomada. Muita gente acaba entrando nesse ciclo.

O divisor de águas é a capacidade de dar um passo além do sucesso comum

Mesmo que sigam essa fórmula comum, as pessoas que acreditam nela sentem-se traídas depois que entram na faculdade, pois imaginavam um sucesso maior. Até então, esforçaram-se arduamente nos estudos para ingressar numa universidade de ponta, o que gerou altas expectativas. Porém, logo no primeiro dia de aula, olham ao redor e percebem: "Há tantas pessoas como eu...". Muitos universitários ficam desapontados com isso.

Ou, então, alguns indivíduos sentem esse impacto depois que se formam. Mesmo que tenham conseguido perseverar durante a faculdade, podem de repente perder a motivação quando começam a trabalhar numa empresa. Há muitos casos desse tipo.

Na sociedade, algumas profissões fazem sonhar, como as carreiras de ator, de atleta, de enxadrista, de escritor, de pintor etc. Aqueles que são bem-sucedidos nessas áreas parecem ter uma vida fantástica e glamorosa. Certos escritores tornam-se populares e ficam milionários, mas isso é bem raro. A chance de alcançar um sucesso como o deles é muito menor do que a de ter uma vida estável como assalariado.

E para que um pintor chegue ao ponto de produzir quadros que valham milhões de dólares, é preciso ser alguém com uma sorte enorme, comparável à de sair ileso depois de o país todo ser atingido por bombas nucleares. A competição entre os atores também é acirrada. Muitas produtoras os forçam a aceitar ofertas de trabalhos baratos ou que ninguém quer. As pessoas tendem a olhar somente o lado bom, radiante, mas, na prática, a competição é bem acirrada em qualquer setor, e muitos fracassam.

Portanto, se você pensa que alcançou um patamar considerado normalmente um "sucesso" pelos outros e acha que esse é o seu destino final, está muito enganado. O divisor de águas está na capacidade de você dar um passo além desse ponto. E o que é essencial para que isso ocorra? É a já mencionada atitude mental, ou mentalidade.

Num determinado momento você vai precisar concentrar todas as suas forças para aprender com os fracassos da sua vida e transformá-los em experiências positivas. Seja nos estudos, seja no trabalho, quando você começa algo novo, com certeza vai vivenciar muitos fracassos. E há uma grande diferença entre aqueles que receberam lições de vida e aprenderam a passar por períodos difíceis, e aqueles que não o fizeram.

Uma pessoa que estudou contra a própria vontade não terá grandes desempenhos em sua carreira profissional, mesmo que se forme numa ótima faculdade. Se ela pensa que pode garantir a vida até o final com um troféu chamado "bom histórico escolar", está muito enganada. O mundo não está mais assim desde a década de 1990.

Prosperidade significa sucessos consecutivos e expansão do sucesso

No final das contas, a prosperidade é uma série de *sucessos consecutivos* e também a *expansão desse sucesso para outras áreas*. Assim, é preciso que você estenda seu êxito para seus subordinados, seus familiares e para a empresa onde trabalha. É assim que a prosperidade se expressa. Construir esse tipo de atitude mental é realmente importante.

Somos capazes de manter altos níveis de motivação por um certo período de tempo. Quando temos um bom desempenho é uma alegria, mas nem sempre é assim. Seja nos jogos esportivos, numa gincana ou numa maratona, algumas vezes você vence e outras você perde.

Na vida é igual. Qualquer pessoa que experimenta o sucesso se sente bem e tudo progride. No entanto, às vezes surgem problemas inesperados, como um acidente, uma doença, um contratempo ou uma desilusão. Este é justamente o ponto crucial: de que maneira você consegue se reconduzir para o caminho do sucesso quando ocorrem esses reveses.

4
Como colocar em prática a mentalidade da prosperidade

PRÁTICA 1: PENSE SEMPRE NO SEU "DESEMPENHO MÉDIO"

Eu gostaria de abordar com maior profundidade alguns pontos que estudei quando era jovem e coloquei em prática. Um dos pontos é um conceito que Dale Carnegie[10] costumava citar: "Pensar sempre no desempenho médio". Em cada temporada, um jogador de beisebol sempre passa por momentos de pouco rendimento. Há épocas em que ele rebate bem a bola e, em outras, nem tanto. Mas, se tiver convicção de que conseguirá obter resultados comparáveis aos anos anteriores, será capaz de suportar as fases de baixo desempenho e continuará treinando incessantemente. Descansará quando precisar e uma hora irá se recuperar. Se ele não acreditar no seu desempenho médio, nas fases ruins poderá ficar

---

10 Dale Carnegie (1888-1955) foi um escritor e orador norte-americano que desenvolveu uma filosofia própria sobre as relações humanas e o sucesso. (N. do E.)

"afundado". Se ele tiver convicção de que seu índice de rebatidas seja de 30%, com certeza vai se reerguer e recuperar a quantidade de rebatidas em atraso.

No trabalho, mesmo que você cometa falhas, se souber que, no geral, é bem-sucedido em 70% a 80% das vezes, será capaz de acreditar que conseguirá reverter a situação. Por isso, insistirá e, de fato, recuperará o que perdeu. A lei do desempenho médio é um dos conceitos que eu sempre mantive em mente.

Prática 2: lembre-se de que ninguém chuta um cão morto

Até agora venho compondo a letra e a melodia de diversas músicas[11], uma tarefa que requer uma sensibilidade aguçada. Aliás, eu escrevia poemas na juventude. Apesar de ter parecido ousado e intenso porque falava livremente o que passava pela minha cabeça, eu era sensível. E os outros retrucavam à vontade achando que eu era do tipo que não me importava. Mas as críticas me alfinetavam e com frequência eu ficava magoado. Nessas horas, sentia meu orgulho ferido; parecia que minha honra era chutada para longe.

Cada pessoa é livre para decidir por quanto tempo ficará remoendo essa dor: se por anos ou décadas

---

11 Em janeiro de 2019, o autor compôs a letra e a melodia da centésima música.

ou se vai superá-la em um único dia. Porém, o melhor é ter vontade de superá-la por conta própria e sentir a necessidade de se fortalecer.

Uma das frases que foi uma salvação para mim foi citada por Dale Carnegie: "Ninguém chuta um cão morto". Uma variante dessa frase é: "Ninguém bate num cão que caiu na água". Se um cão está latindo energicamente, certas pessoas têm vontade de chutá-lo. Mas dificilmente alguém pretenderia fazer isso se ele estivesse morto na beira da estrada ou golpeá-lo de cima de uma ponte se o animal estivesse boiando no rio.

O mesmo ocorre com os seres humanos. Não somos cães, mas, se as pessoas vêm nos "chutar", é porque estamos "latindo" com energia. Elas se sentem ameaçadas, achando que somos perigosos e que podemos mordê-las, então, reagem nos atacando. Isso quer dizer que estamos "latindo" para os outros de forma agressiva. Por isso se diz que ninguém chuta um cão morto.

Quando diversas pessoas nos menosprezam, nos causam frustração e fazem críticas de vários modos, significa que somos alguém que lhes desperta a atenção. É melhor que você tenha consciência desse ponto de vista objetivo. Se nos destacamos demais, alguns se sentem incomodados e, por isso, nos criticam ou sentem inveja. E, se algumas pessoas continuam nos ofendendo mesmo depois que ficamos magoados, é porque acham que ainda não fizeram o suficiente para aprendermos a lição. Se fôssemos um "cão morto", ninguém mais viria nos chutar. Mas, se as pessoas ainda estão nos criticando, significa que não nos consideram como tal e que uma "criticazinha" não nos afetaria.

Quando eu tinha um pouco mais de 20 anos, suportei no trabalho as ofensas de um indivíduo de mais de 40 anos. Parecia que ele precisava me atacar o quanto antes, pois não sabia quando as posições se inverteriam; no dia em que me tornasse chefe dele, seria hostilizado por mim, por isso ele me intimidava por antecipação. Eu jamais conseguiria ter um pensamento desse tipo e tive vontade de lhe perguntar: "Você quer mesmo subir na carreira?".

Ele era chefe de seção – ou estava para assumir o cargo. Juntou-se a outros dois funcionários antigos e os três mostravam uma atitude hostil em relação ao novato com apenas três ou quatro anos de tempo de casa, bem competente e que trabalhava num ritmo acelerado, enquanto eles faziam conjecturas: "Não sabemos quando as posições podem se inverter. Se ele passar a ser nosso superior, poderá nos tratar muito mal. Por isso, vamos dar uma lição nele agora". Fiquei atônito ao descobrir que há pessoas com essa mentalidade.

No meu dicionário não constava um conceito desse tipo e eu me perguntava: "Vocês acham que, se não derrubarem o colega quinze anos mais novo agora, ele representará uma ameaça no futuro? É tão preocupante assim? Vocês deveriam imaginar que, quando o novato assumir cargos importantes, é bem provável que já estejam aposentados. Vocês não têm com que se preocupar; então, não seria melhor serem amigáveis, em vez de maltratar?".

Vi muitos colegas que visivelmente eram dedicados a agir negativamente por antecipação, uma atitude inconcebível para mim. É como se me golpeassem com um bastão achando que eu ainda era um "cão se debatendo na água". Era como se pensassem: "Temos de açoitá-lo mais para fazê-lo sossegar, senão ele vai nos morder". Sofri com esse tipo de maus-tratos.

Eu refletia: "Sou tão ingênuo, mas por que sou mal-interpretado?". Eu trabalhava com toda a dedicação, por lealdade à empresa. Mas isso não queria dizer que me esforçava só pensando em mim, até porque as empresas não pagam um salário proporcional ao lucro que um funcionário traz. A renda trazida por um funcionário é absorvida pela empresa como um todo, e não existe uma relação com o salário dele. Portanto, minha atitude aplicada se refletia no salário e no bônus dos colegas ao meu redor. Esse era o meu raciocínio, mas certos indivíduos não me viam assim.

De qualquer modo, mesmo que você seja prejudicado com situações como essa, é importante se restabelecer. Foi com base nesse raciocínio que Carnegie citou a frase: "Ninguém chuta um cão morto".

Prática 3: em vez de tentar serrar serragem, tire lições disso

Outra frase mencionada por Dale Carnegie era: "Não tente serrar serragem". A serragem é o material (em pó ou em lascas) produzido quando serramos um pedaço de madeira. Você até pode usá-la para ajudar a atear fogo na lenha, mas serragem é serragem, não há outra forma de tratá-la. Apesar disso, explica o autor, há pessoas que ainda tentam serrá-la.

Olhando o passado, talvez você perceba que vem agindo dessa maneira. Algumas pessoas retrocedem no tempo em um ano, cinco anos ou mais para dizer: "Foi por causa daquele erro que cometi que estou nesta situação". Remoem fatos que já passaram, sobre os quais não se pode fazer mais nada. De vez em quando, procure pensar se não estaria serrando a serragem, em vez da tora de madeira. Eu mesmo fiz bastante essa reflexão.

Por exemplo, depois que um negócio vai à falência, alguns empresários decidem trabalhar como empregados. Outros se recuperam e fundam uma nova empresa. Seja como for, não é possível serrar a serragem; então, o essencial que você pode fazer é extrair uma lição dessa experiência. Quanto à serragem, dê-lhe o destino apropriado. Contudo, algumas pessoas não conseguem colocar isso em prática, pois ficam pensando por muito tempo em seus fracassos e estão constantemente se queixando.

Prática 4: transforme os "limões" do destino em limonada

Outro pensamento ao qual Carnegie se refere levou-me inclusive a desenvolver o conceito do *pensamento vencedor*: "Se o destino lhe der um limão, faça uma limonada". Essa é outra frase sobre a qual venho pensando desde jovem. Em inglês, a palavra "limão" em geral sugere algo de sabor ruim ou de má qualidade e não tem um sentido positivo. No Japão, a palavra talvez não tenha uma conotação tão ruim, mas, quando você a usa em inglês, está se referindo a algo azedo, inútil, imprestável ou defeituoso.

Apesar disso, o que Carnegie ensina é: "Se o destino lhe der um limão, em vez de se lamentar pense em fazer uma limonada". No mínimo, você pode espremê-lo, acrescentar água e açúcar e fazer uma limonada. Pode até começar um negócio e comercializar a bebida. Do mesmo modo, você pode transformar o amargor da vida em algo prazeroso ou que dê alegria. Pode até transformá-lo em matéria-prima de um negócio.

Venho atuando como líder religioso há mais de trinta anos e sinto que foi bem assim. No passado, cometi inúmeros erros, levei muitas repreensões e recebi duras críticas, mas não há nada melhor do que isso. Aliás, sem essas experiências, não é possível ser um líder religioso.

Se eu fosse bem-sucedido em tudo que tivesse feito, as pessoas só comentariam: "Que ótimo para você", e não poderiam aprender nada mais. Mas a verdade é que ainda tenho outros 90% de histórias que não contei aos outros; elas estão guardadas em minhas "gavetas internas" e posso revelá-las aos poucos em diferentes ocasiões. Por exemplo, pode haver histórias como: "Embora eu tenha dito uma vez que fui dispensado por três mulheres, na realidade tive trinta dessas experiências". Se eu pudesse revelar minhas falhas do passado sem parar, como os mágicos que tiram uma série de lenços do bolso do paletó, eu sempre teria assunto para falar.

Na verdade, os fracassos são dolorosos e parecem intermináveis: uma desilusão amorosa, um rebaixamento no trabalho, a redução de salário ou o corte de bônus, ouvir ofensas, passar por um divórcio, ter filhos mal-educados etc. Entretanto, em vez de ficar apenas se queixando do sabor dos "limões" do destino, você deve transformá-los em limonada.

Primeiro, pense em como pode aproveitar o limão em si; seria possível usá-lo como lição para uma direção melhor? Procure aplicar o *pensamento vencedor* e seja criativo para transformá-lo em uma boa bebida:

"Que dicas posso extrair daqui para o meu próximo trabalho? E para o meu próximo desafio? Como posso evitar os mesmos erros?".

Depois, procure transformá-lo em conceitos mais universais e abstratos para que muitas pessoas possam usá-lo como mentalidade ou estilo de vida, ou até para criar uma escola de pensamento.

Eu sou um líder religioso, mas quem está em outros caminhos também terá sucesso ao adotar essa postura. Um empreendedor provavelmente comete muitos erros enquanto dirige seu negócio. Ao aproveitar essas lições, ele consegue abrir uma trilha para o sucesso. Quando um político não é eleito, pode ser muito criticado e ofendido; talvez tenha uma queda enorme em sua popularidade; mas, ao converter essa frustração em uma mola propulsora e procurar descobrir o que está fazendo diferente dos outros, ele pode melhorar cada vez mais.

Se você conseguir dominar essa transformação do limão que o destino lhe oferece em limonada, o efeito será comparável ao de encontrar a Cachoeira Yoro, por onde flui saquê, ou adquirir o Martelo da Prosperidade, que jorra moedas de ouro toda vez que você o brande. Assim, não há absolutamente nenhuma necessidade de você esperar ganhar na loteria; existem, realmente, muitos "tesouros que surgem numa sacudida do martelo".

5
Habitue-se a perceber as "sementes da prosperidade" que estão à sua volta

Não existe nenhuma experiência inútil na vida. Quando você é bem-sucedido em algo, basta usar essa experiência como mola propulsora, uma plataforma firme para o próximo sucesso. Assim, você terá um êxito maior.

Quando você fracassa, aproveite as falhas com sabedoria, para enriquecer seu coração expandindo o campo de compreensão de sua mente. Você também pode ampliar sua gama de assuntos para conversar, melhorar seus relacionamentos, seu poder de negociação e diversas outras habilidades e, desse modo, pegar o rumo para o sucesso na vida.

O caminho para ser o "homem do milhão" nunca é a loteria, mas, sim, *sua* maneira de viver. Para a classe média, mesmo que uma pessoa estude em boas escolas, faça cursinhos preparatórios e vá para as melhores universidades, como a de Tóquio, de

Kyoto, Waseda ou Keiō[12], na melhor das hipóteses seu sucesso será somente conquistar um cargo gerencial, com uma renda anual entre 80 mil e 120 mil dólares. Mas certa parcela dos estudantes é eliminada no caminho e nem chega a essa conquista. É um sucesso pequeno.

Se você quiser um sucesso maior, é melhor mudar sua "mentalidade". Para qual? Não aquela que acredita que a prosperidade está longe, além das montanhas, em um lugar que nunca foi explorado. Em vez disso, sua mentalidade deve ser do tipo capaz de perceber as *sementes da prosperidade* que estão agora mesmo dentro de você ou à sua volta – no seu lar, na sua família ou no seu trabalho atual.

Eu gostaria que você mudasse sua mentalidade e adquirisse o hábito de pensar dessa maneira. Assim, tudo o que você imaginar poderá se transformar em uma oportunidade.

Neste capítulo, expliquei a teoria da mentalidade que atrai a prosperidade. Ficarei feliz se você pensar nesse assunto com carinho e colocá-lo em prática.

---

12 Universidades com reputação semelhante à USP ou ao ITA no Brasil (N. do T.)

Palavras que vão transformar a vida 1

O modo de pensar gera uma força enorme

Seu futuro será positivo ou negativo?
Otimista ou pessimista?
Isso depende das "sementes em seu coração".
Se você deseja ter um futuro de felicidade,
Precisa plantar
Boas sementes em seu coração e cultivá-las.
Para tanto, tudo o que deve fazer
É aprofundar seus pensamentos,
Num processo contínuo.

Quando estiver prestes a ser derrotado
Por pensamentos pessimistas,
Gere por si mesmo
Pensamentos positivos que os superem.
Isso consiste em ter iniciativa, se esforçar,
Fazer hoje mesmo tudo o que puder fazer hoje,
E pensar na esperança de amanhã.
Se estiver prestes a ser dominado
Por maneiras negativas de pensar,
O importante é gerar e irradiar
Um modo positivo de pensar capaz de combatê-las.

*O ser humano não consegue ter
Dois pensamentos contraditórios ao mesmo tempo.*

*Uma pessoa feliz não consegue se sentir infeliz,
Nem alguém infeliz pode se sentir feliz.
Ela também não conseguirá
Contar histórias tristes sorrindo,
Nem compartilhar episódios divertidos
Chorando com uma expressão de tristeza.
Portanto, o que ocupa sua mente
É extremamente importante.*

*Tenha uma imagem positiva de si mesmo
E visualize firme e constantemente
A cena na qual você se desenvolve mais,
Tem mais sucesso, serve mais à sociedade
E alcança uma felicidade maior.
E imagine que isso também proporciona felicidade
Às pessoas ao seu redor.
Mesmo que você sinta
Que pode ser derrotado por pensamentos negativos,
Reúna coragem e torne a emitir pensamentos positivos.*

*Se você conseguir fazer isso neste mundo,
Conseguirá fazê-lo no outro também.*

Podemos dizer que essa é a própria vitória na vida.

Para reverter seu destino,
O essencial é construir uma correta mentalidade
Ou modo de pensar.

Ficarei contente se você puder aprender que
"O modo de pensar gera uma força enorme".

Capítulo Dois

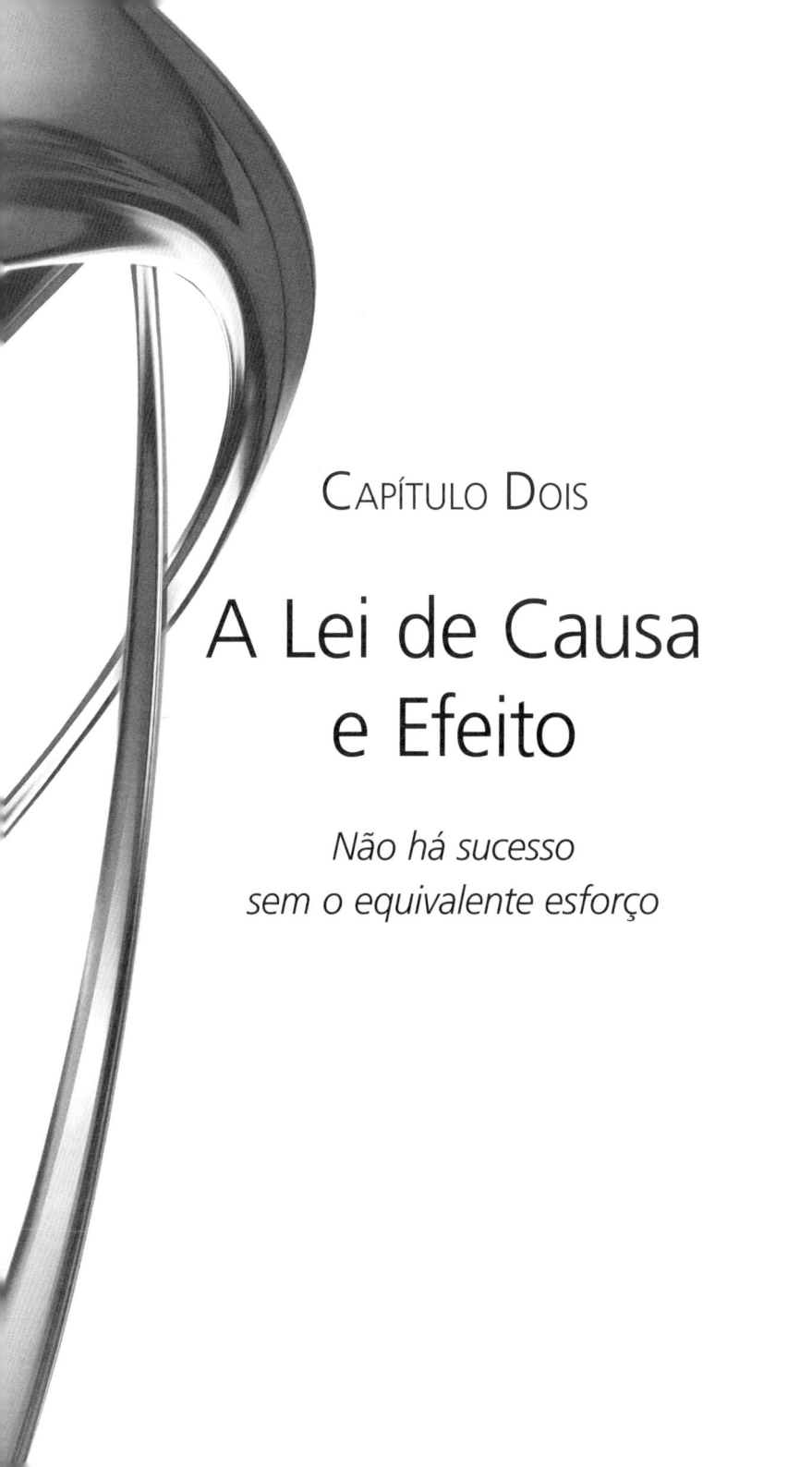

A Lei de Causa e Efeito

Não há sucesso sem o equivalente esforço

• A Lei de Causa e Efeito •

1
Três mil palestras em pouco mais de trinta anos

A primeira palestra: o ponto de partida da Happy Science

Em 23 de novembro de 1986 dei minha primeira palestra no encontro inaugural da Happy Science. Esse momento é chamado de "Primeiro Giro da Roda do Darma"¹³ na nossa instituição. Lembro que vieram 87 pessoas de diversas regiões do Japão para assistir à minha palestra. Sinto-me profundamente emocionado ao recordar que a Happy Science pôde começar graças a um público que nem chegava a cem pessoas.

É um pouco embaraçoso contar isso hoje, mas, na ocasião, antes de dar início à palestra, cheguei a pen-

---

13 No budismo, o Darma (a Lei Divina) é representado por uma roda de biga de oito raios. "Girar a Roda do Darma" significa "pregar ensinamentos" e faz alusão ao giro da roda de biga que passa por cima de todos os obstáculos. O "Primeiro Giro da Roda do Darma" é o momento memorável em que Buda prega ensinamentos pela primeira vez em sua encarnação. Ver *The importance of the Exploration of the Right Mind* ("A importância da Busca do Correto Coração", Tóquio: Happy Science, 2014). (N. do T.)

sar em me esconder no meio do mato caso eu fracassasse, embora eu já tivesse sido ordenado e o recolhimento fosse normal para um religioso. Dei a palestra para uma plateia de cerca de noventa desconhecidos vindos de vários cantos do Japão, de Hokkaido a Kyushu, e quase todos mais velhos que eu. Não sabia de fato se daria certo, afinal, era minha primeira experiência daquele tipo.

Hoje, percebo que minhas técnicas de palestrante ainda eram deficientes. Falei rápido demais por ter ficado muito tenso durante 2 horas e 40 minutos, incluindo a sessão de perguntas e respostas. Devido ao ritmo acelerado, apresentei um conteúdo equivalente a um livro ou mais. Eu estava realmente nervoso. Considero que, naquela ocasião, eu era amador e não tinha técnica, e morro de vergonha daqueles momentos. Por isso não a publiquei em forma de CD ou DVD. Minha mãe, que mora no interior, até comentou que não aguentava ver aquele vídeo. Ela dizia que lhe doía o coração, talvez por sentir o quanto eu estava nervoso.

Apesar de tudo, houve mais pontos positivos do que negativos. As pessoas que fizeram questão de pagar passagem para virem de longe sentiram que a chama da Verdade se acendeu no coração delas, e foi se espalhando por todo o Japão.

• A Lei de Causa e Efeito •

Os espíritos assessores[14] me aconselharam a não pensar em nada sempre que eu estivesse no púlpito

Olhando para trás, se na época os espíritos assessores tivessem me dito com clareza os diversos trabalhos que eu iria conduzir – os que eu faço hoje –, não tenho certeza se aceitaria ou não. No máximo, talvez eu pensasse que um dia poderia ser possível, num futuro distante.

Atualmente, realizo com naturalidade as palestras da Festividade Natalícia[15] e da Festividade El Cantare[16] em auditórios como o Makuhari Messe ou Saitama Super Arena. Porém, se exigissem que eu apresentasse a primeira palestra, a do Primeiro Giro da Roda, em um desses dois auditórios enormes, em vez usar o espaço de 60-70m² do pequeno e gratuito salão da Associação do Comércio de Bebidas de Nippori, hoje consigo imaginar que teria sido um grande fracasso.

Portanto, apesar de na época a Happy Science já contar com o apoio dos espíritos superiores atuando como espíritos assessores, eu mesmo mudei nos mais

---

14 Um grupo de cerca de quinhentos espíritos superiores que apoiam o movimento da Happy Science, atuando como orientadores em diversas ocasiões. (N. do T.)
15 A Festividade Natalícia de 7 de julho constitui um dos dois maiores eventos da Happy Science e celebra o advento de El Cantare à Terra em 7 de julho de 1956.
16 A Festividade El Cantare é outro dos dois maiores eventos da Happy Science, realizado em dezembro, para demonstrar gratidão a El Cantare pelo ano que está terminando.

de trinta anos subsequentes, e creio até mesmo que venho influenciando a consciência e a iluminação dos seres que nos apoiam.

Inclusive, em dezembro de 2018, realizei uma palestra no Makuhari Messe intitulada "O poder que opera milagres", segundo instruções da Matriz Geral. Revelando um pouco os bastidores, desde o encontro inaugural todas as palestras públicas sempre foram assim: o título da palestra é definido antecipadamente, mas eu nunca preparo o conteúdo.

O normal seria criar um roteiro, anotar as ideias e preparar um rascunho. No início, eu pensava em fazer isso uma semana ou um dia antes de subir ao palco ou até mesmo no próprio dia. No entanto, desde a primeira palestra, quando eu perguntava qual seria o assunto ao espírito assessor encarregado de auxiliar aquela apresentação específica, que eu decidia previamente quem seria, ele sempre respondia: "Não pense em nada. Apenas suba no palco, e as palavras sairão naturalmente. Se você não for capaz de acreditar nem nesta verdade simples, não poderá ser um grande líder religioso". Sempre foi assim.

Enquanto isso, os profissionais da imprensa provavelmente imaginam que eu elaboro um esboço e ensaio o texto inúmeras vezes. Chego até a cometer pequenos deslizes na fala, mas praticamente não há falhas desde as primeiras grandes palestras, o que não é normal nem para âncoras experientes; por isso, os profissionais da área devem pensar que eu ensaio de dez a quinze vezes. Contudo, no meu caso, não penso em nada além do título. Ainda hoje é assim.

Quando me perguntam se fico tenso quando faço uma palestra por exemplo em Makuhari Messe, eu respondo: "Há casos em que fico tenso, sim. Por cinco a dez segundos".

No camarim, ainda estou relaxado. Mas, enquanto aguardo na lateral do palco, o secretário-chefe da matriz de Questões Religiosas fica com um fone de ouvido, concentrado, com uma expressão séria no rosto, e inicia a contagem regressiva "10... 5, 4, 3, 2, 1". Nessa hora, eu penso: "Ah, já vai começar". À medida que caminho em direção ao púlpito vendo o público batendo palmas, digo a mim mesmo: "Então, hoje é o dia". Assim que me posiciono atrás da tribuna, encaro o público e começo: "Bem...". Por mais de trinta anos venho fazendo desse jeito. É curioso; estranhamente, tenho uma grande autoconfiança nesse momento.

Todos os dias, por mais de trinta anos, preparo-me para ser capaz de abordar qualquer assunto

E como foi o processo até chegar a essa confiança de que na hora vou ser agraciado por uma *força externa*, uma força maior? Antes de considerar essa força, na verdade eu venho atuando na *força própria*, dedicando-me diariamente por mais de trinta anos, para ser capaz de abordar quaisquer temas.

Então, em vez de dizer que não me preparo para a palestra, seria melhor afirmar que estou preparado para realizar uma apresentação sobre qualquer assunto. Isso significa que faço um esforço enorme para chegar a esse nível. Sem dúvida, o esforço que acumulei me deu essa capacidade.

Recentemente, quando passei diante do Auditório Público de Hibiya, em Tóquio, recordei com certa nostalgia que já havia feito uma palestra ali. Embora o local tenha capacidade para um público de 2 mil pessoas, lembro-me de que na época eu pensava: "Se eu conseguir falar num auditório desse tamanho, já serei profissional". Esse é o limite de um palestrante normal. Por exemplo, o maior local do discurso do presidente do Partido Liberal na assembleia do partido é aquele auditório.

Porém, no caso das minhas palestras, felizmente vêm pessoas de todos os cantos da nação. Além disso, há transmissões via satélite e, como se não bastasse, a palestra é transformada em livro e o conteúdo continua disponível mesmo passados dez, vinte ou trinta anos. É realmente gratificante.

• A Lei de Causa e Efeito •

A importância e a alegria do crescimento contínuo

Apesar das grandes realizações, sinto-me abençoado por não me considerar tão facilmente um indivíduo completo. Venho inclusive explicando essa postura repetidas vezes, mas infelizmente a maioria não entende; fico me perguntando por que os jovens que nasceram bem depois de mim acabam achando que já sabem de tudo. É como se aplaudissem a si mesmos, gabando-se sobre o quanto são importantes.

Não sei se o grau de exigência que eles têm de si é muito baixo, se a falta de autoconfiança é tão grande que precisam se elogiar constantemente ou se recebem tantas críticas negativas diariamente que acabam reagindo com autoelogios, mas frequentemente me levam a crer que se consideram completos com muita facilidade.

Claro, nem todo mundo é assim. Algumas pessoas me fazem ver o quanto o ser humano pode crescer rápido: temos funcionários jovens que nasceram na época do Primeiro Giro da Roda do Darma e que hoje estão se destacando como integrantes da cúpula. Seja como for, é melhor que todos saibam da importância e da alegria de realizar um crescimento contínuo, exatamente como fazem as árvores, formando anéis de crescimento a cada ano em seu tronco.

Na juventude, sentia-me inseguro; meus fracassos me deixavam envergonhado ou desanimado e com frequência me decepcionava comigo mesmo. Porém, quando olho para trás agora, sinto que devo me elogiar um pouco pelo fato de não ter me tornado convencido. Ou seja, em nenhuma fase da vida achei que tivesse concluído meu crescimento. Ainda hoje sou assim.

Por exemplo, se eu tivesse me considerado um autor consagrado por ter vendido 10 mil exemplares de um livro, certamente não teria progredido mais. Porém, como eu sinto – lamentavelmente – que meus ensinamentos ainda não chegaram a todos os cantos do mundo, continuo publicando mais livros. E uma vez que nem todos ouviram meus ensinamentos, já realizei mais de 2.830 palestras, e ainda prossigo. Isso significa que estou numa luta sem fim. Entretanto, não deixo de sentir que venho progredindo aos poucos, como os anéis de crescimento no tronco de uma árvore.

Alcancei a marca das 2.800 palestras; depois, ultrapassarei 2.900[17]. Sinto que uma pequena confiança vem se acumulando proporcionalmente ao número de palestras. Com tantas experiências, consigo

---

[17] Em 29 de setembro de 2019, Okawa deu sua 3.000ª palestra, quando registrou a segunda mensagem espiritual de Khomeini, ex-líder supremo do Irã.

perceber as diferenças entre um grande salão de eventos e um pequeno, entre a capital e o interior, dentro e fora do Japão, entre uma nação e outra e assim por diante. Isso resultou em algo que podemos chamar de *elasticidade do coração*. E vejo que, só de relembrar a forma como superei diferentes situações, venho aos poucos fortalecendo a elasticidade – resiliência – que me protege.

Se hoje eu pareço me divertir dando palestras em grandes auditórios, isso se deve logicamente não só ao esforço que faço para preservar o ambiente de que preciso, para ficar sintonizado o tempo todo com o Mundo Celestial, mas também em grande parte à minha dedicação contínua para que uma palestra desse porte seja normal para mim.

Além disso, estou desbravando "novas áreas" todos os anos e, portanto, fazendo aos poucos coisas que eu não fazia antes. Na hora de decidir se devo desbravar novas frentes, pergunto-me se posso me dar a esse luxo. Mas a experiência acumulada no passado se torna a autoconfiança que me sustenta e me protege; então, quando sinto que já estou preparado, sigo em frente.

Por exemplo, foi assim ao iniciar a difusão internacional, ao construir uma escola e uma universidade, ao produzir filmes e criar músicas. Mais recentemente, tenho abordado de diferentes formas alguns temas relacionados aos alienígenas[18], o que também foi possível graças à confiança baseada no esforço que acumulei por mais de trinta anos. Por isso, mesmo que eu anuncie temas novos, estou certo de que não serei destruído tão facilmente pelas críticas. Eu gostaria até de lançar um desafio: "Se acham capazes de refutar cada detalhe do que eu disse, tentem".

Assim, sinto que quanto mais conquistas você tiver, mais coragem terá para se lançar a novos desafios. Nesse sentido, fazer um esforço contínuo é de extrema importância.

---

18 Desde 2010, o autor tem realizado muitas "leituras espirituais de consciências alienígenas" e "leitura de óvnis", publicando-as em livros.

2
Nada é conquistado num único salto

O esforço do Buda Shakyamuni

Já abordei o tema deste capítulo, a Lei de Causa e Efeito, em diversas ocasiões; no entanto, por incrível que pareça, muitas pessoas não são capazes de compreender essa verdade ou, embora entendam na hora, logo se esquecem de um assunto tão simples como esse.

Em termos mais claros, essa lei significa "se não há causa, não há efeito". Se o cultivo não for feito, não haverá colheita; sem o plantio das sementes, os frutos não vingarão. Claro, existem outros fatores – como o uso de fertilizantes, água e insolação – necessários para o crescimento das plantas, mas o processo todo sempre segue a Lei de Causa e Efeito.

Por exemplo, Sidarta Gautama tornou-se Buda após a Grande Iluminação, mas isso ocorreu não porque nasceu como príncipe no palácio de Kapilavastu. O fato de ter nascido em berço de ouro serviu-lhe, no início, para adquirir uma educação mais elevada e uma visão mais ampla do que as pessoas em geral. Porém, ele renunciou a tudo e se ordenou aos 29 anos. Recomeçou da estaca zero e se submeteu a práticas ascéticas por seis anos, procurando um caminho por si mesmo por meio de tentativas e erros. Durante alguns meses, chegou até a seguir ascetas considerados mestres, mas não se satisfez e iniciou a busca por conta própria.

Então, alcançou a Iluminação e começou a transmitir às pessoas o que descobriu com o despertar. O budismo começou quando Buda ensinou o que aprendeu a seus cinco discípulos.

E, enquanto propagava seus ensinamentos, foi acumulando o que se chama de "iluminação pós-iluminação". Além disso, à medida que a ordem religiosa aumentava, pessoas de perfis diferentes dos discípulos de até então começaram a fazer parte do grupo e, com isso, surgiu a necessidade de "novos ensinamentos". E sempre que apareciam problemas na administração interna da instituição, estabeleciam-se regras. Desse modo, Buda Shakyamuni colocou todo o seu empenho para lidar com cada nova ocorrência, e o acúmulo desses esforços, a meu ver, proporcionou o crescimento da organização e se tornou uma força para que a religião sobrevivesse até a posteridade.

Portanto, Gautama não se iluminou num único salto. Nem se tornou Buda por ter nascido no palácio de Kapilavastu. Mesmo que tivesse nascido em outras circunstâncias, certamente se tornaria Buda seguindo etapas semelhantes, embora por caminhos distintos.

A "Jornada do Herói", ou monomito, que existe tanto no Ocidente como no Oriente

Ao contrário do que se poderia imaginar, quando um indivíduo nasce em berço nobre ele pode enfrentar dificuldades, sobretudo no meio religioso. Por exemplo, as religiões de longa data consideram que as condições de nascimento são um fator determinante, como ocorre no budismo tibetano – que, aliás, está em via de extinção –, no qual o Dalai Lama é escolhido ao nascer. A família imperial japonesa também possui uma linhagem familiar perpetuada pelo nascimento.

Esses foram exemplos de quem se torna nobre automaticamente, nascendo e crescendo da *semente de nobreza*. Na prática, porém, "iluminar-se" ou "ser virtuoso" não é tão fácil assim. É verdade que o resultado depende do potencial da alma de uma pessoa, e certas almas de fato desabrocham com mais facilidade e se tornam nobres. Mas vale a pena observar que, tanto no Ocidente como no Oriente, há o conceito do monomito, ou Jornada do Herói, para se tornar herói.

Existem histórias de diferentes culturas que seguem o mesmo padrão básico: uma criança nasce em berço de ouro – e, portanto, tem a semente da nobreza –, deixa o palácio real ou a cidade, afasta-se do núcleo familiar e vaga por terras distantes onde adota um status que não é o seu original, recebendo treinamentos árduos. Depois de superar as dificuldades, volta para casa e desperta para sua verdadeira forma, tornando-se rei, príncipe ou um iluminado. O arquétipo do herói em geral segue essas etapas, não só no Oriente, como também no Ocidente.

Porém, não basta que o herói se distancie do seu lar. Enquanto está vagando, ele precisa passar por longas práticas ascéticas e disciplinar a si mesmo. Aquele que nasceu em berço de ouro precisa enfrentar numerosas dificuldades e ampliar suas experiências, observando a vida dura das pessoas comuns e aprendendo com o sofrimento delas. Com essas experiências, ele pode alcançar um despertar de diversas formas, e isso servirá como recurso para que se torne futuramente um bom rei, um bom soberano ou um bom papa.

Por outro lado, se ele assumir a alta hierarquia diretamente, não entenderá a vida humilde do povo e seus problemas. Há muitas barreiras ao redor de um nobre que o impedem de enxergar essas dificuldades. Não se pode entendê-las somente de observá-las por um telescópio no mirante do palácio.

Nesse sentido, considerando-se o resultado, eu concordo com o provérbio que diz: "Vivencie a vida dura enquanto for jovem, mesmo que tenha de pagar por ela", embora alguns afirmem que ter esse tipo de pensamento é sinal de velhice.

Quando se é jovem, é natural achar que uma vida dura e as provações são experiências desagradáveis que devem ser evitadas. Entretanto, depois de algumas décadas em geral chegamos à conclusão de que tais experiências foram importantes para a nossa formação, mesmo que na época não as enxergássemos como tal.

Podemos crescer em qualquer idade seguindo a Lei de Causa e Efeito

Na maioria das vezes, os jovens costumam pensar que *coração* é sinônimo de *emoção*, como os sentimentos básicos de alegria, raiva, tristeza e prazer. Essas emoções se desenvolvem naturalmente em um bebê à medida que ele cresce. Mas não conseguimos descobrir o coração enquanto não passamos por diversas experiências, pois é com elas que adquirimos mais reservas no coração e, assim, nos tornamos capazes de ensinar a Verdade de vários modos para diferentes tipos de pessoas.

Por outro lado, existem também pessoas incapazes de enxergar o coração alheio, isto é, só compreendem o próprio. Há ainda outras que nem sequer compreendem o próprio coração. São enganadas por ele e se iludem com o próprio currículo, o status familiar ou a empresa para a qual trabalham e não conseguem se olhar de forma transparente e sincera.

Portanto, devemos voltar ao ponto de partida, que é a Lei de Causa e Efeito, e ter sempre em mente – seja na juventude, na idade adulta, na terceira idade ou nos últimos dias de vida – que "sem causa, não há efeito".

Assim, o fato de um indivíduo ser jovem não garante que ele seja inteligente ou fisicamente forte. Há pessoas na meia-idade ou na terceira idade que se tornam mais inteligentes por meio do estudo ou adquirem um físico mais resistente submetendo-se a treinamento.

Tenho um tio de 95 anos. Acho incrível, pois, mesmo nessa idade, ele caminha mais de dez mil passos diariamente e costuma dizer: "Preciso ter cuidado para não caçarem a minha carteira de motorista". Ele deve ter fortalecido tanto o corpo quanto a cabeça na juventude, e continuou se cuidando. Assim, há pessoas como ele que, aos 95 anos, esforçam-se diariamente para não ouvirem de ninguém: "Pare de dirigir porque o senhor já está velho". São cerca de seis quilômetros, e muitos jovens não conseguem percorrer essa distância todos os dias.

Quando eu estava no jardim de infância, certa vez fizemos uma excursão até a cidade vizinha, percorrendo a pé um trajeto de dois quilômetros.

Lembro-me que, depois que retornamos, tive dor nas pernas e cheguei a ter febre de noite. Portanto, dois quilômetros de caminhada é uma distância grande até mesmo para jovens. A caminhada na montanha provavelmente tem o mesmo nível de dificuldade.

Fermentar o *conhecimento* para transformá-lo em *sabedoria*

As conquistas não são fáceis a ponto de serem obtidas num único salto; precisamos de treinamento para adquirir determinada habilidade e, dependendo do que assimilamos, algumas delas podem ser perdidas de maneira rápida e fácil, enquanto outras são mantidas pelo resto da vida.

Um exemplo disso é aprender a andar de bicicleta. Na infância, precisamos de rodinhas de apoio. Então, elas são retiradas e andamos com a ajuda de algum adulto, que nos segura e nos empurra por trás. Por fim, ele deixa de empurrar e somos capazes de pedalar sozinhos. Uma vez que aprendemos, conseguimos andar de bicicleta mesmo passados vinte ou trinta anos.

Isso também se aplica à natação. No início, ficamos com medo da água, mas, depois que aprendemos, somos capazes de nadar mesmo após anos sem praticar. Assim, existem habilidades que não esquecemos facilmente, uma vez que as assimilarmos.

Voltando ao exemplo da caminhada, deve ser muito difícil para um animal quadrúpede passar a andar sobre dois pés. No zoológico, vemos muitos animais de quatro patas que superam os humanos em termos de capacidade física, musculatura, reflexo, resistência e agilidade. Porém poucos deles, como o macaco, são capazes de se manter de pé sobre duas patas. O cavalo até consegue, levantando as patas dianteiras, entretanto não é capaz de caminhar. O mesmo ocorre com o leão, o tigre e a onça. No mundo dos desenhos animados, os animais cantam e dançam facilmente, mas não na vida real. Para eles, caminhar em duas pernas não é tão simples assim.

Podemos adquirir muitas habilidades na vida por meio de experiências práticas e, quando conseguimos dominá-las, essas aptidões passam a ser nossas.

Um tema que costumo abordar é o da sabedoria. E transformar o aprendizado em sabedoria é um grande desafio. A informação em si é como matéria bruta, e não é sinônimo de sabedoria. O processo se parece muito com a fermentação para a produção de bebidas alcoólicas: é preciso colocá-las para descansar e fermentar. De fato, à medida que aplicamos nosso conhecimento a experiências reais, usando-o para superar diferentes situações, ele irá se transformar e passará a emitir um brilho de sabedoria. É importante desenvolver esse tipo de visão de mundo.

É muito bom receber elogios por sua inteligência enquanto você é jovem, pois significa que você se esforçou e se dedicou aos estudos ainda com pouca idade. Contudo, ser inteligente aos 18 ou 19 anos não garante que a pessoa continue a ser aos 30 ou aos 40, e também não determina que ela permanecerá assim ou chegará até a ter demência aos 50 ou 60. Tudo depende de sua dedicação após a educação escolar.

Assim, um pequeno esforço pode nos levar muito longe. Escrever cem livros não é fácil; porém, desde que se escreva um livro e depois outro, isso pode ser possível. E, ao longo desse processo, o importante é experimentar diversas coisas – como estudar, adquirir experiência ou receber inspirações – para aprofundar seus pensamentos sobre aquilo que vai escrever.

Quem logo se acha iluminado tem uma mente superficial

A Lei de Causa e Efeito é de extrema importância. Entre pessoas idosas, por exemplo, podemos notar diferenças entre aquelas que não fazem nada e as que se esforçam para movimentar o corpo – mesmo que estejam numa cadeira de rodas – ou estudam para não se tornarem caducas. Tenha plena consciência disso.

Algumas pessoas pensam que podem alcançar a iluminação num único salto por meio de experiências espirituais. Isso é frequente em religiões japonesas. Claro, há, sim, o *momento do salto* que separa o estado anterior e posterior à iluminação, mas isso não ocorre sem esforço, por acaso e repentinamente.

A menos que você seja o Super-Homem, não conseguirá voar diretamente até o pico de uma montanha de 3 mil metros. Só é possível subir direto ao topo se você acredita que a iluminação fica em um lugar bem baixo, só um ou dois degraus acima de onde você está. Mas, como não é assim, o ponto fundamental é que você não sinta que num instante já entendeu tudo e alcançou a iluminação logo depois de uma simples descoberta. Certas pessoas agem dessa forma por pensar positivamente. Outras que seguem as práticas zen ficam inebriadas, produzindo um clima de iluminação instantânea. Na verdade, apenas não sabem que aquilo que encontraram já faz parte do cotidiano de uma pessoa comum e contam impressionadas o que aprenderam, como se fosse a maior descoberta. Não consigo deixar de sentir que ainda estão em níveis superficiais.

Quando se trata de iluminação, sua conquista só é possível ao avançarmos um passo de cada vez e em várias direções. Portanto, o melhor é não confiar em nenhum atributo natural de nascença, em metodologias especiais, atalhos clandestinos, conexões pessoais ou adornos exclusivos que façam você parecer bem, pois estes não são caminhos que duram.

3
Muitas coisas você só aprende com os outros

O QUE APRENDI COM OS OUTROS 1: A DIFERENÇA ENTRE VISÃO OBJETIVA E SUBJETIVA

Pode ser que agora eu dê a impressão de que conheço tudo, mas a verdade é que tive de aprender coisas muito básicas com os outros quando era jovem. Por exemplo, ao completar o primeiro ano de trabalho fui chamado à sala de um diretor que me pôs para ouvir suas broncas de pé. Ele me disse: "Talvez você ache que está sendo muito esforçado e dedicado; parece que está cantando sozinho sob os holofotes, só que o público já foi embora, não há mais ninguém te ouvindo". Lembro-me ainda hoje desse comentário que ele fez há cerca de quarenta anos. Foi uma surpresa saber que existia alguém me vendo daquela forma.

Eu me esforçava muito, pois minha habilidade no trabalho ainda deixava a desejar; porém, algumas pessoas que me viam de fora achavam que eu estava me exibindo. Elas provavelmente pensaram que eu fazia força para parecer mais inteligente, e talvez tenham se sentido ofendidas com meu modo de trabalhar. Com apenas um ano de experiência profissional, havia um volume bem maior de tarefas que eu não sabia executar do que as que eu sabia, mas que qualquer profissional considerava normais ou óbvias. Por isso, me senti bastante estranho por não ser tão eficaz quanto eu imaginava.

O QUE APRENDI COM OS OUTROS 2: TIRAR CÓPIAS

Já fui repreendido numa simples tarefa de tirar cópias. Quem tem um cargo mais importante pode pedir esse serviço à sua secretária, mas quem não tem precisa tirar as cópias por si mesmo. Certa vez, voltei com as cópias que meu chefe havia pedido. Ele folheou o material e me chamou a atenção: "Está vendo aqui? Está torto!", "O grampo está mal fixado!". Mas ninguém havia me ensinado que as cópias não podiam sair inclinadas, e só fui aprender à base de broncas.

Depois disso, reparei que as cópias das secretárias saíam caprichadas, bem alinhadas. Ao tirar cópias de um livro, elas tomavam cuidado para que a parte central, onde as folhas estão fixadas, não ficasse escurecida. Ao me lembrar disso, percebi que eu não conseguia nem mesmo tirar cópias da maneira adequada.

O QUE APRENDI COM OS OUTROS 3: COMO TRATAR DOCUMENTOS CONFIDENCIAIS

Outra cena que observei mais tarde foi a de um diretor tirando cópias de documentos por conta própria. Então, comentei com um funcionário mais antigo: "O que acontece com ele? Em vez de pedir para a secretária, ele mesmo foi tirar a cópia. Será que ele tem dificuldade para delegar?". E ele respondeu: "Você é ingênuo? Os superiores trabalham com documentos confidenciais que não podem ser vistos pelos demais. É melhor nem pedir para a secretária. Seria um problema se a cópia de uma avaliação de recursos humanos fosse delegada, e a pessoa que ficou encarregada esquecesse o documento em algum lugar. Existe o risco de alguém ver". Foi só com essa explicação que entendi a diferença, e pensei: "Então, os motivos eram outros. Já que um superior hierárquico estava tirando cópias por conta própria, concluí que ele não diferia muito de mim, que estava na base da hierarquia".

O QUE APRENDI COM OS OUTROS 4: NÃO TIRAR CÓPIAS PARA FINS PESSOAIS

Certa vez, fui transferido para outra unidade, e chamaram-me a atenção porque eu estava tirando cópias para ter um material de estudo para meu novo cargo.

Quando trabalhei no exterior, muitas das minhas tarefas envolviam o câmbio. Depois que retornei ao Japão, comecei a atuar na área financeira, lidando com dinheiro ou cuidando do relacionamento com os bancos, mas não havia nenhum material de estudo. Então, comecei a recortar ou tirar cópia de artigos de revistas e de jornais que abordavam assuntos financeiros para montar um arquivo. Porém, meu superior me repreendeu: "Você está desperdiçando dinheiro com essas cópias. Leia o material e memorize". Ele me considerava petulante, e tinha razão.

O QUE APRENDI COM OS OUTROS 5: RECORTAR JORNAIS EM VÃO

Meu pai já fez comentários semelhantes ao caso anterior. Quando eu ainda era estudante, recortava artigos dos jornais, sublinhava alguns trechos e os deixava acumulando na gaveta. Meu pai viu meu esforço e comentou: "Eu fazia a mesma coisa quando era jovem, mas quase tudo foi à toa. O único jeito é memorizar". De fato, mais tarde percebi que a maior parte daqueles artigos era inútil. Aprendi com a experiência.

Na época, eu ficava recortando artigos que faziam parte de uma publicação em série, juntava-os e os colava em páginas e arquivava numa caixa. Achava-me especial por ser o único a estudar daquela forma. Mas, quando a série chegava ao fim, os artigos eram compilados para serem vendidos em forma de livro. Lembro que tive uma grande decepção: "Vim arquivando os artigos considerando que esse tema de ciência política seria um aprendizado útil, mas os transformaram em livro!". Senti-me traído pelo autor, e pensei: "Eles podiam ao menos ter avisado que pretendiam fazer isso. Eu não teria perdido tanto tempo e energia recortando e juntando tudo!".

Enfim, há muito a aprender neste mundo. Mesmo quando se trata de coisas simples, não percebemos enquanto ninguém nos avisa: "Não se faz uma coisa dessas".

O QUE APRENDI COM OS OUTROS 6: O VOLUME DA VOZ NO ATENDIMENTO TELEFÔNICO

Outro aprendizado foi com relação ao atendimento telefônico. Numa conversa por telefone, certos assuntos podem ser ouvidos por terceiros sem problemas, e outros não. No início, essa distinção nem passava pela minha cabeça. Sem saber que as pessoas ao redor pensavam: "Olha como ele está falando alto! Será que ele não percebe que aqui não é uma peixaria?", eu sempre atendia em voz alta, como um peixeiro que grita animadamente: "Venham! Hoje temos peixe fresco!". Para um peixeiro, anunciar em voz alta a ponto de chegar aos outros estabelecimentos é melhor para atrair clientes.

Mas, naquela época, logo me chamaram a atenção: "Sabia que os outros também estão tentando trabalhar? Sua voz chega até o outro lado desse andar. Se você está conversando sobre algo que outros não podem ouvir, deve falar tampando o bocal com a mão para abafar a voz". Essa foi outra situação que só percebi depois que alguém me ensinou.

O QUE APRENDI COM OS OUTROS 7: DEIXAR DOCUMENTOS SOBRE A MESA

Em outra ocasião, quando eu saía apressadamente para almoçar deixando as coisas sobre a mesa do jeito que estavam, um colega me chamou a atenção: "Você vai sair largando os documentos à vista? E se alguém ler durante a sua ausência?".

Ele tinha razão, pois muitos documentos financeiros lidam com valores monetários e, mesmo sem o carimbo de "confidencial", causariam problema se fossem vistos por quem não está na devida função. Diversas pessoas transitam no horário de almoço: funcionários do banco, vendedores de outras empresas fazendo visitas para oferecer algum produto ou captar poupança; corretores da bolsa de valores, de seguros ou funcionários de outros departamentos.

O colega me explicou que os documentos deveriam estar virados para baixo e com alguma coisa em cima para não facilitar o acesso a eles, e fiquei refletindo: "Ah, então tem um jeito de tratar...". Há milhares de regras desse tipo que devemos aprender em um, dois ou no máximo três anos.

4
Ser humilde é "ter uma postura de quem quer aprender"

Se você quer mesmo crescer, será humilde naturalmente

Há muitas coisas que só aprendemos quando alguém nos conta. Portanto, não podemos ser arrogantes. Quando digo: "Sejam humildes", significa: "Tenham uma atitude de alguém que quer aprender". Adotando uma postura humilde, as pessoas passam a ensinar diversos detalhes a você. Entre elas, há sempre aquelas que são generosas, que vão avisá-lo de um eventual perigo e guiar seus passos na direção do caminho certo. Isso é muito gratificante, pois, com frequência, os aprendizados informais tornam-se nossa sabedoria.

Os livros escritos por gestores bem-sucedidos em geral contêm ensinamentos baseados na própria experiência, mas é comum que as histórias sejam modificadas para que os fracassos da empresa não se tornem de conhecimento público, por exemplo. Muitas vezes, as falhas de um gestor são apresentadas como histórias de sucesso ou de superação. Então, é melhor não acreditarmos piamente nesses episódios, pois a realidade pode ser diferente.

Seja como for, quando fracassamos é muito importante praticarmos a reflexão ou aceitarmos os avisos dados pelos outros. E, para isso, é essencial não ficarmos muito arrogantes ou presunçosos; não devemos achar que temos domínio total sobre a situação.

À semelhança do conceito do monomito que citei anteriormente, quem nasceu em berço de ouro pode não entender a percepção de um plebeu, a não ser que seja jogado em terras distantes e passe por dificuldades. Mas esse não é o único caminho; mesmo na posição em que você se encontra agora, é possível obter muitas informações se realmente estiver disposto.

Porém, se você for muito orgulhoso, não enxergará os pontos de vista de pessoas menos privilegiadas; irá se concentrar apenas em obter benefícios para si e tentará ser o primeiro a crescer e ficar por cima dos outros. Esta situação é bastante perigosa.

Há momentos na vida que exigem um grande esforço da nossa parte. Nessas ocasiões, você deve dar o melhor de si. Por exemplo, quando um cantor vai fazer uma apresentação diante de um grande público, será que ele tem a opção de poupar a voz para não mostrar seu potencial pleno? Se fizer isso, poderá perder seu público.

No entanto, é preciso ter cuidado e saber diferenciar sua atitude. Há situações nas quais você deve cantar usando todo o seu potencial; em outras, que não envolvem nenhuma questão decisiva, é melhor não exagerar no seu empenho. Se você agir como um animal com o pelo eriçado, que tenta intimidar para se proteger, ninguém irá se aproximar para lhe dar conselhos.

Em geral, o melhor é falar com franqueza e manter a mente aberta para ouvir o que os outros têm a dizer. Em suma, a *humildade* não deve ser tratada como uma *meta de esforço* nem como uma *virtude moral* a ser conquistada. Se você de fato deseja crescer, vai ser humilde naturalmente.

Pessoas realmente capazes nunca são negligenciadas

O mesmo princípio se aplica a um astro ou estrela de cinema. Se ele achar que já é um ator consagrado e aprendeu tudo, deixará de crescer. É gratificante ser convidado para o papel de protagonista; porém, é essencial estar preparado para atuar em quaisquer papéis.

Isso também ocorre em profissões mais comuns. Às vezes, surgem trabalhos que podem lhe proporcionar um grande destaque. Outras vezes, você é designado para tarefas menos agradáveis. Numa situação como essa, as pessoas observam como você vai encará-la, se esforçar e se aprimorar. Estão de olho na sua perseverança e na continuidade do seu esforço. Aliás, você próprio está vendo e analisando o seu comportamento. Todo o esforço que você fizer nesse período vai ter um impacto no que vier mais para a frente.

As pessoas realmente capazes jamais são negligenciadas ou abandonadas. É lógico, a história é outra no caso de indivíduos que tentam mostrar habilidades ou talentos que não possuem e no caso de nações ou empresas que trabalham de modo autodestrutivo, dispensando profissionais talentosos. Porém, quando as pessoas envolvidas estão tentando alcançar um grande crescimento naturalmente, aquelas que de fato forem capazes nunca ficarão abandonadas. Assim, é fundamental acreditar nisso e continuar se esforçando.

Como não ficar arrogante

A Lei de Causa e Efeito nem sempre parece justa. Em geral, as pessoas costumam ser bem duras com os outros e complacentes consigo mesmas. Por isso, é natural que às vezes você se sinta frustrado e pense: "Esforcei-me tanto, mas não fui recompensado como merecia". Quando isso ocorre, você precisa mudar de perspectiva e tentar ver de que modo os outros estão pensando.

Imagine, por exemplo, uma audição com 5 mil candidatos. Somente uma pessoa irá ocupar o primeiro lugar e vencer o Grande Prêmio. Se for você o candidato vencedor, encontrará inúmeras razões para justificar que merecia estar lá. Mas, e os outros 4.999, não se esforçaram? Será que todos eles são menos talentosos ou menos competentes que você? Não podemos chegar a essa conclusão.

Alguns atores começam como coadjuvantes em papéis modestos e, no meio da carreira, aos poucos se revelam e ganham popularidade. Isso significa que, embora o talento deles não tenha sido óbvio a princípio, às vezes pode levar mais tempo para que um grande talento apareça. Por isso, é melhor não se coroar tão facilmente. Saiba que há riscos em se ter um sucesso prematuro: quando nos destacamos muito cedo, mais tarde isso pode nos levar a uma queda.

O episódio que descrevi, do diretor me dando um sermão, foi uma situação parecida. Ele me disse: "Talvez você ache que está sendo muito esforçado e dedicado; parece que está cantando sozinho sob os holofotes, só que o público já foi embora, não há mais ninguém te ouvindo".

Nesse caso, eu me esforçava porque me considerava incompetente; porém, os demais me achavam um exibicionista. Tive uma época assim e creio que qualquer pessoa passa pela mesma experiência.

Em geral, não vemos com clareza as qualidades dos outros, entretanto enxergamos muito bem os seus defeitos. Ao mesmo tempo, conhecemos muito bem nossas qualidades, mas tentamos esconder nossos defeitos ou com frequência evitamos encará-los.

Nem sempre as pessoas apontam nossas falhas. Enquanto não tiverem certeza de que se sentem seguras e podem falar de coração aberto, vão permanecer quietas. Aquelas que forem mais astutas podem até ficar esperando o nosso tropeço, fingindo que nem estão notando.

Portanto, é gratificante quando alguém nos dá um conselho ou aviso. Os jovens talvez se sintam magoados quando alguém aponta seus erros e falhas, mas é muito importante aceitar esses comentários com gratidão e procurar usá-los como nutrientes para um crescimento futuro.

Sua capacidade aumentará de forma proporcional ao crescimento de suas habilidades

Não é fácil captar e compreender o próprio coração. Talvez você o entenda somente em termos de sentimentos – como alegria, raiva, tristeza e prazer. Os animais também têm emoções e, de forma leve, até mesmo os insetos. No nosso caso, o quanto somos capazes de perceber e reconhecer o coração como uma entidade real nos mostra nosso grau de crescimento como seres humanos; essa é a verdadeira natureza da iluminação.

Desse modo, procure aumentar a sensibilidade do seu coração para conseguir compreender os sentimentos de diferentes tipos de pessoa. Entender o que se passa no coração dos outros significa também que você tem condições de perceber diversas facetas do próprio coração.

Para isso, você precisa fortalecer tanto seu intelecto, por meio de estudos, como seu físico, por meio de exercícios. Precisa também passar por provações nos relacionamentos. Às vezes, temos de apresentar opiniões contrárias às da maioria; outras vezes devemos cooperar. Em certos momentos, você tem de fazer escolhas corajosas para liderar os demais ou assumir as responsabilidades decorrentes da sua decisão. Nessas ocasiões, *sua determinação em tomar uma decisão ousada* – ou sua *coragem* – também irá crescer e se desenvolver.

Ou seja, saiba que "as decisões que você é capaz de tomar ou os deveres que você consegue cumprir" irão se expandir de modo proporcional ao crescimento de suas habilidades e conquistas.

5
Esforce-se enquanto elimina as ferrugens

Verifique as ferrugens que você emana – os Três Venenos do Coração

Lembro-me da experiência da minha primeira palestra, no encontro inaugural da Happy Science, e fiz uma reflexão sobre os motivos pelos quais não pude realizar uma boa apresentação. Entretanto, daquele momento em diante passei a reservar auditórios cada vez maiores, por causa da presença de um público maior e do aumento do número de fiéis. Assim, nossa organização foi se expandindo pelo mundo todo. Não há nenhum problema em sonhar grande; porém, o importante é que o esforço seja constante, promovendo avanços passo a passo.

Existem algumas habilidades que, depois de aprendidas, permanecem conosco pelo resto da vida – como andar de bicicleta –, mas também há outras que acabamos esquecendo ou apenas perdemos. Nesses casos, o importante é "eliminar as ferrugens", ou seja, relembrar essas habilidades para que não sejam perdidas e continuar nos esforçando.

Um dos ensinamentos do Buda Shakyamuni diz: "A ferrugem corrói o próprio ferro do qual se originou e o destrói". A ferrugem se forma no ferro. Um produto à base de ferro pode funcionar bem no início; mas, se for abandonado ao relento ou envelhecer, gera ferrugem. Uma espada ou uma faca que começa a enferrujar precisa ser polida para não perder o fio. Assim, a ferrugem, que se originou no ferro, corrói o próprio ferro e o inutiliza.

E quais seriam as ferrugens produzidas pelos seres humanos? Em termos simples, são: a gana, a ira e a ignorância, também conhecidas como os Três Venenos do Coração, de acordo com o budismo.

O primeiro veneno é a *gana*. Você é ávido? Tem cobiça exacerbada e deseja mais do que mereceria pelas suas experiências, seus esforços e sua devoção?

O segundo é a *ira*. Você se irrita facilmente? Por exemplo, quando lhe apontam seus erros, defeitos e falhas, logo fica enfurecido? Você se baseia sobretudo em suas preferências pessoais e, por isso, rejeita o que não gosta e só aceita o que lhe agrada? Esse comportamento transparece também nas relações amorosas ou hierárquicas? Se seu comportamento reflete intensamente seus gostos e aversões, é porque seu coração está ligado ao sentimento da ira. Se você observar os outros atentamente com um olhar imparcial, perceberá que não é tão diferente deles e que as qualidades e os defeitos das pessoas não passam de características iguais em intensidades diferentes. Então, se você tem uma grande propensão a se irritar, procure fazer uma autorreflexão.

O terceiro veneno é a *ignorância*. Há pessoas, por exemplo, que leem livros de ensinamentos da Verdade Búdica ou Verdade Divina e acham que entenderam bem o conceito; algumas poderiam até escrever um texto sobre a "Lei de Causa e Efeito" se lhes pedissem. No entanto, assim que terminassem a redação e fossem fazer outra coisa, logo teriam se esquecido de tudo.

Sua perspectiva mudará com seus esforços e sua experiência

Não se pode negar que nossos olhos e ouvidos ficam afiados proporcionalmente aos nossos esforços, assim como a compreensão. Isso vale para qualquer tipo de atividade.

Certa vez assisti a um filme em DVD baseado num romance de um escritor famoso. Muitos atores famosos faziam parte do elenco, por isso imaginei que seria uma obra-prima. Mas foi uma decepção, e observei vários pontos nos quais a produção pecou.

Então, ao pensar que sou capaz dessa análise, percebi o quanto meu senso crítico ficou mais aguçado por eu também participar da produção de filmes. Ou seja, o olhar de quem atua na criação é diferente de quem apenas aprecia. Eu observo diferentes aspectos do filme, desde a competência do diretor até o enredo original do autor e a encenação dos atores.

A propósito, o filme ao qual me referi era *Laplace no Majo*[19]. Na época, como eu estava produzindo o filme *A Última Feiticeira do Amor*[20], meu secretário havia comprado para mim aquele filme para fazermos uma pesquisa. Atores japoneses de primeira categoria participavam, como a atriz Suzu Hirose e Shō Sakurai – este, um membro do grupo pop Arashi. E, também, como a história original foi escrita por um autor de *best-sellers*, tive curiosidade de saber como eles retrataram a bruxa, mas fiquei decepcionado no final do filme. Tudo o que fizeram foi inserir alguns elementos modernos, porém não havia nenhuma bruxa e, ademais, mesmo com tantos atores excelentes, o final deixou a desejar.

Um dos membros do elenco era um ator que eu havia elogiado por seus ótimos desempenhos em

---

[19] Em português, *A Feiticeira de Laplace*, exibido no Japão e distribuído por Toho (2018).
[20] Título original em japonês *Boku no Kanojo wa Mahō Tsukai*. Produção executiva e história original de Ryuho Okawa, distribuído por Nikkatsu (2019).

todos os filmes que fez. E, apesar disso, a atuação dele foi fraquíssima. O diretor foi "incrível", pois conseguiu fazer com que esse ator tivesse uma péssima atuação: ele desempenhou um papel que, no final, acaba morrendo de forma patética.

Passei a perceber a produção nesse nível e, portanto, comecei a achar que, modéstia à parte, posso ser intimidador ao conduzir a produção de um filme.

Porém, o filme conseguiu um sucesso razoável, então não devo criticá-lo demais. Vários bons atores participaram do filme e eu não gostaria de criar nenhum atrito com eles.

Essa foi minha experiência a respeito de como consegui detectar falhas em um filme a que assisti só para fazer uma pesquisa sobre bruxas. Claro, devo aplicar esse olhar crítico também ao meu trabalho. Mesmo assim, saiba que a visão de uma pessoa muda de acordo com a experiência adquirida.

Neste capítulo, abordei vários aspectos da "Lei de Causa e Efeito". É importante que você se lembre dessa lei de tempos em tempos.

Talvez você pense que uma magia pode resolver tudo num instante, mas até a magia branca precisa de uma *causa* para ser usada, assim como a magia negra. Eu gostaria que você entendesse que a Lei de Causa e Efeito vale inclusive para a magia ou feitiçaria.

Palavras que vão transformar a vida 2

Obter o brilho da alma e a qualidade da virtude por meio das provações

Para obter uma mente forte
Você precisa
De um longo período de autoaperfeiçoamento.

É comum afirmar que a "força de vontade" é essencial,
Mas ninguém nasce com ela.
Algumas pessoas parecem possuir
Uma enorme força de vontade
Quando observamos suas conquistas.

Mas a única coisa que se pode dizer é que
Nenhum recém-nascido
Nasce com uma enorme força de vontade
Ou força de espírito como qualidade humana inerente.
Tenho certeza de que esse
É um atributo que se adquire ao longo da vida,
Superando-se diversas provações.

No seu íntimo,
Você provavelmente deve estar pensando:

*"Se possível, eu gostaria de viver feliz na calmaria,
Sem passar por nenhum teste".*

*No entanto, em algum momento da sua vida
Surgirá uma situação que parecerá ser um infortúnio.
Talvez precise encarar circunstâncias desfavoráveis,
Talvez ocorram várias dificuldades
Como contratempos nos estudos,
Fracassos na vida profissional,
Conflitos nos relacionamentos interpessoais ou
Rompimentos de laços afetivos,
E você se sentirá cheio de ódio e tristeza.*

*No seu âmago,
Talvez queira evitar essas situações dolorosas,
Mas na verdade não conseguirá.
Pois esquivar-se desses sofrimentos
Significa anular o aprimoramento da sua alma
Nesta encarnação.
Ou seja, apesar do privilégio de ter nascido,
Você estará terminando a vida
Sem um aprimoramento significativo.*

*De fato, existem capacidades e talentos inatos.
Mas ninguém consegue progredir
Somente com essas qualidades.*

Cada um recebe
Uma série de problemas de vida
Adequados para si.
Ao lutar e superá-los, mesmo em meio ao sofrimento,
Sua alma vai brilhar
E adquirir a qualidade da virtude.

Então, eis aqui a minha mensagem:
Você, que reza para não receber nenhuma provação,
Está pedindo para não possuir nenhuma virtude.
É por meio das dificuldades que você obterá
O brilho da alma.
Portanto, seja forte.
Seja sincero consigo.
Seja humilde com sua natureza búdica.
Creia intensamente na sua natureza búdica.

Capítulo Três

Para cumprir um nobre dever

*Como desenvolver pessoas
e nações que produzem valores
e dão sua contribuição ao mundo*

1
O que os novos sistemas e a IA proporcionarão ao ser humano

O destino da Reforma Trabalhista[21] do governo japonês

Atualmente, existem muitos feriados no Japão e, em 2019, devido à posse do novo imperador, houve um período prolongadíssimo de feriados[22]. O governo japonês está promovendo uma Reforma Trabalhista, mas, para mim, as peças não se encaixam. O Japão possui mais feriados do que os Estados Unidos. Além disso, o governo decidiu incentivar a população a terminar mais cedo o expediente de sexta-feira para se

---

21 Essa reforma, que entrou em vigor em 1º de abril de 2019, implantou medidas para impedir incidentes como morte por exaustão devido à longa jornada de trabalho e passou a obrigar as empresas a oferecer no mínimo cinco dias de férias remuneradas por ano e definiu o limite máximo de horas extras. (N. do A.)

22 No Japão, existe um período de feriados públicos chamado de Golden Week, que vai de 29 de abril a 5 de maio (29 de abril: Dia do Shōwa; 3 de maio: Dia da Constituição; 4 de maio: Dia do Verde; 5 de maio: Dia da Criança). Em 2019, ocorreu um feriado público raro no dia 1º de maio (Dia da Posse do Novo Imperador). Além disso, os dias 27 e 28 de abril caíram num fim de semana. Assim, na prática a Golden Week de 2019 se estendeu por dez dias. (N. do T.)

divertir e está fazendo planos como: "Vamos criar cassinos, mas cada visitante só pode usufruir deles por, no máximo, três vezes por semana". É difícil entender o sentido disso. O Estado também está exigindo que as empresas aumentem o salário mínimo, a remuneração, as férias e, ao mesmo tempo, pressiona-as para pagar mais impostos.

De imediato, enquanto a administração atual está no poder, essas medidas parecem agradar a todos, mas fico imaginando qual será o destino delas. Sem dúvida, a competitividade internacional do Japão vai sofrer uma queda. Para mim, isso se parece com o estilo de vida "edoense"[23], cujo espírito era fazer empréstimos mas dar calote e viver o dia sem trabalhar nem fazer poupança. Eu considero essas "boas intenções" de algum modo peculiares e de mau agouro.

Por outro lado, o governo anunciou oficialmente que a economia japonesa continua indo bem, mas estamos sentindo um aperto financeiro cada vez maior na vida cotidiana. Ele está incitando o consumo, tentando nos fazer abrir mão de nossas economias, mas, se as gastarmos continuamente, ficaremos sem nada. Compraremos só coisas inúteis e não saberemos o que fazer com elas. Sinto que há algo errado com essas instruções.

---

23 Quem era da cidade de Edo, antiga denominação de Tóquio. (N. do T.)

Condições necessárias para forjar pessoas talentosas

A partir de 2018, na Happy Science, tiveram início as admissões de novos funcionários da geração *yutori*[24], inclusive daqueles que estudaram por esse sistema desde o ensino fundamental. Não se sabe ainda como é a capacidade deles, mas tenho uma sensação preocupante.

Não chegamos a verificar o currículo escolar reformado deles, mas sabemos pelo menos que o volume de conteúdo dessa geração é só a metade do que era na minha época. Como podemos interpretar esse novo ritmo que leva um ano para ensinar metade do conteúdo? Se a intenção for que aqueles que estão cansados do cursinho descansem um pouco a cabeça na escola, é compreensível. Então, faz sentido tornar a escola gratuita a fim de que não falte dinheiro para pagar o cursinho. Nesse caso, o governo vai gradativamente abandonar o direito de educar e o mais sensato seria que ele deixasse de dar opiniões na educação.

---

24 O sistema de educação *yutori* ("frouxo", em japonês) foi uma política de ensino que reduziu o conteúdo didático e a carga horária nas escolas japonesas. Teve início na década de 1980 e se intensificou na década de 2000. Porém, depois que o Japão caiu várias posições no ranking do Programa Internacional de Avaliação de Estudantes (PISA), o sistema foi reformulado em 2008. (N. do T.)

Na verdade, a educação só faz sentido no relacionamento entre indivíduos que querem aprender de modo proativo e professores com vontade de ensinar. E o ensino de matérias avançadas deve ser dado adequando-se à motivação dos alunos por aprendizado.

Quando as metas de ambos os lados entram em sintonia, são forjados indivíduos talentosos e grandes personalidades emergem. Porém, hoje está se disseminando uma visão do ser humano como algo confeccionado uniformemente em uma linha de produção.

Os robôs com certeza são práticos, e creio que chegará uma época em que a inteligência artificial (IA) começará a dar vida a tudo. Isso parece ser bom e ruim ao mesmo tempo. O uso de IA e robôs será cada vez maior. Quem trabalhar nessa área e sair na frente da disputa obterá mais lucro e conquistará um mercado mais amplo. Por outro lado, quem não tem relação direta com esse ramo terá maior probabilidade de perder o emprego, de receber um salário menor ou de ficar mais tempo na fila de espera por um emprego.

As funcionalidades modernas, mas menos flexíveis, podem ser chamadas de "evolução"?

Algum tempo atrás, comprei um carro e usei-o por dez anos. Mas ouvi dizer que os gastos com manutenção e conserto podem chegar a 10 mil dólares por ano;

assim, passei a usar um carro alugado por contrato de longo prazo. A ideia é que "manter um carro obsoleto seria sair no prejuízo, pois, além das despesas altas, em cinco anos surgem modelos novos e melhores".

Na primeira vez que usei o carro alugado para andar um trecho curtíssimo, tive a sensação de estar num táxi. Eu estava indo para o Templo Shōshinkan de Tóquio, onde realizei a palestra que originou este capítulo, e, ao retirar o cinto de segurança um pouco antes de entrar no templo, um sinal sonoro foi disparado de todos os assentos. Era um aviso, como nos táxis do Japão, de que o cinto de segurança estava solto. Talvez os carros tenham ganhado mais funcionalidades, mas senti que ficaram mais incômodos.

O motorista de táxi logo chama a atenção do passageiro para usar o cinto, mas não há nenhum problema se a pessoa quiser soltá-lo quando estiver perto de chegar ao seu destino. Como nós não estávamos em uma autoestrada, eu considerei que era seguro desafivelar o cinto, mas o alarme de todos os assentos começou a disparar de uma só vez. Será mesmo que aquilo poderia ser chamado de funcionalidade mais avançada?

Mesmo um carro de luxo não é perfeito; às vezes é muito barulhento. Seria ideal se emitisse avisos sonoros em situações de perigo, como despertar o motorista que dormisse ao volante. Mas não é isso o que acontece, e fiquei cismado com essa experiência.

Como a "evolução da IA" afetará a sociedade, os empregos e as empresas?

De agora em diante, esse tipo de progresso começará a ocorrer em todos os lugares. Nesse sentido, surgirá uma sociedade centrada em computadores evoluídos por meio da IA.

É lógico que isso tem seus benefícios. Em termos simples, as empresas poderão reduzir seus custos com mão de obra e conduzir uma administração mais estável. Porém, do ponto de vista oposto, haverá uma redução da mão de obra simples. Então, quando o governo japonês encoraja as empresas a dar mais dias de descanso aos trabalhadores, parece que está dizendo: "Trabalhem somente metade do ano; dessa forma, haverá mais empregos temporários".

Mas há setores, como as lojas de conveniência, que não podem se dar ao luxo de tirar um descanso. Aqueles que trabalham em construtoras também não conseguem tirar uma folga tão facilmente, pois lidam com prazos de entrega e às vezes precisam até contratar mais funcionários para cumprir o prazo. Se o governo japonês estiver planejando tudo de maneira inteligente e global, levando em conta essas possibilidades, tudo bem. Caso contrário, poderão surgir problemas.

2
Os robôs não conseguem realizar um trabalho com valor espiritual

A tecnologia de IA ainda não se desenvolveu o suficiente nas áreas de processamento de "linguagem"

Embora a tecnologia de IA ainda esteja em desenvolvimento, ela já chegou ao ponto de participar de competições e derrotar os melhores jogadores profissionais de *shôgui*[25] e de *igo*[26], o que é uma proeza digna de admiração. O *shôgui* está na moda entre os jovens que almejam se tornar jogadores profissionais. Mas, para ser franco, o futuro desses jogadores é simplório.

Apesar de tudo, a tecnologia de IA ainda não tem um desempenho satisfatório em certas áreas.

---

25 Jogo de tabuleiro japonês tradicional, semelhante ao xadrez. (N. do T.)
26 Jogo de tabuleiro japonês tradicional de dois jogadores, que usa pedras redondas de formato único. O objetivo é usar as próprias pedras para cercar mais casas do tabuleiro do que o oponente. (N. do T.)

Os computadores ainda não conseguem dominar as tarefas que lidam com "linguagens". Às vezes se saem bem; por exemplo, determinada inteligência artificial que foi treinada para entender inglês conseguiu marcar mais de 900 pontos no exame TOEIC[27]. Entretanto, na Universidade Happy Science[28] ensinamos inglês por meio da força de professores "humanos", e um número cada vez maior de alunos nossos está conseguindo obter uma nota acima de 900 pontos no TOEIC. Portanto, o cérebro humano não pode ser subestimado, pois ainda continua superior aos computadores em certas áreas.

Com relação aos exames de admissão do ensino superior, parece que a IA ainda não consegue ser aprovada nas melhores faculdades. Dizem que é capaz de obter resultados relevantes em matemática, física e em matérias que apenas exigem a memorização; porém, quando se trata de matérias que permitem respostas flexíveis, como inglês ou outros idiomas, sua capacidade de processar ainda é baixa.

---

27 O TOEIC, acrônimo para *Test of English for International Communication* ("Teste de Inglês para Comunicação Internacional"), é um exame de proficiência em língua inglesa que serve para medir a capacidade de não nativos de se comunicarem em inglês em ambientes de negócios. A pontuação máxima é 990. (N. do T.)

28 A Universidade Happy Science é uma instituição educacional privada, inaugurada em abril de 2015. Oferece educação avançad por meio de sua Faculdade de Felicidade Humana, Faculdade de Administração de Sucesso, Faculdade de Indústria Futura e Faculdade de Criação do Futuro. Seus *campi* estão localizados em Chosei-mura, em Chiba, e no distrito Koto, em Tóquio. (N. do T.)

Não pretendo lançar uma nuvem sobre o futuro das pessoas que atuam na área de engenharia de computadores e de tecnologia de IA. Eu espero que os trabalhadores desse ramo criem produtos melhores que abram um caminho para o futuro o mais breve possível e obtenham um grande êxito.

Tarefas possíveis somente para os humanos, não para os robôs

Por outro lado, aqueles que trabalham em setores que talvez não estejam ligados a essas indústrias, com empregos que podem ser substituídos por máquinas, deverão combater essa tendência agregando o maior valor possível às suas atividades atuais, pois sem isso não irão sobreviver.

Hoje, os computadores invadiram os templos budistas. A Amazon do Japão, por exemplo, oferece agora "entrega em domicílio" de serviços que eram tradicionalmente realizados por monges budistas. Os sutras podem ser escolhidos e recitados por computador. Além disso, parece que há sistemas capazes de definir um nome de Darma[29] para o falecido,

---
[29] No budismo, originalmente um "nome do Darma" é dado à pessoa que jurou viver seguindo os preceitos, como prova de que iniciou o aprimoramento ascético. No contexto popular, trata-se de um nome dado à pessoa que faleceu, quando se realiza a missa de falecimento de acordo com o budismo, desejando

bastando informar o histórico e o nome dele, reduzindo, assim, o valor dessa nomeação para menos de 3 mil dólares. Mas esse procedimento arruína o valor espiritual dos serviços budistas e põe em risco o futuro dos templos budistas, embora eu pareça frio ao dizer isso.

Na Happy Science, temos muitos membros que são oficialmente abades budistas. Nas missas que celebram, eles entoam seus sutras, ao mesmo tempo que estudam meus livros. Porém, se não tiverem cuidado daqui para a frente, a profissão deles poderá realmente desaparecer.

No futuro, talvez surjam robôs que imitem os abades entoando sutras ao ritmo da batida do *mokugyo*[30] e que ofereçam aos clientes opções personalizadas como a maneira de entoar, a velocidade de entoação ou a possibilidade de retirar alguns trechos dos sutras. Poderiam, por exemplo, entoar com o dobro da velocidade normal, para terminar em 30 minutos um sutra que dura 1 hora. Apesar de tudo, fica a dúvida se esse tipo de serviço pode realmente

---

que o ente que partiu encontre salvação no mundo póstumo e entre no caminho do aprimoramento ascético budista. (N. do T.)

30 Conhecido também como "bloco chinês", o *mokugyo* é um pequeno bloco de madeira trabalhado artisticamente. Em algumas escolas budistas, o monge que celebra a missa entoa sutras enquanto bate no *mokugyo* com um pequeno bastão, mantendo um ritmo regular. (N. do T.)

cumprir o objetivo de uma religião, que é o de oferecer um culto ao falecido.

Precisamos rever o conceito do que é o trabalho, do ponto de vista dos valores espirituais e do que é necessário para cumprir com sua verdadeira finalidade. Não basta que um serviço oferecido seja visto apenas pelo quanto ele "alivia a carga de trabalho" ou pelo "custo menor".

Uma característica inerente ao ser humano é, por exemplo, gerar ideias. Eu já citei que o computador ainda fica para trás em termos de idiomas. Existem muitas outras atividades que o computador não é capaz de realizar, como escrever um romance ou produzir obras artísticas de pintura ou música. As mais importantes são as que lidam com a emoção das pessoas.

Muitas profissões almejam a estabilidade, a paz e o desenvolvimento da mente humana, e as máquinas não são capazes de substituí-las. Ao melhorar cada vez mais a qualidade nesses aspectos, sua vida terá um caminho para seguir futuro afora. Eu gostaria que você soubesse disso.

Como deixar sua vida densa e "nobre"?

Este capítulo recebeu o nome "Para cumprir um nobre dever". Uma vez que nascemos neste mundo como seres humanos, é importante, de fato, estabelecermos metas de "como viver".

O objetivo de nossa vida com certeza não é obter eficiência econômica, reduzindo despesas ou aumentando mecanicamente a produtividade de uma hora de trabalho. Sem dúvida, é de extrema importância "tornar mais nobre nossa maneira de viver". A expectativa média de vida está aumentando, mas é essencial sabermos "viver esta vida da forma mais densa possível".

E como você pode, então, aumentar a "densidade" e ter uma vida plena? Por meio de *propósitos elevados*. Segundo a visão mecanicista do ser humano, ele evoluiu da ameba e apenas funciona como uma máquina; se ele parar de se mexer, simplesmente morre. De acordo com essa visão, é difícil gerarmos algo "nobre". Portanto, precisamos fazer um esforço para buscar valores espirituais.

Na verdade, o trabalho possui a "função de gerar valores nobres"

Citei, no início deste capítulo, a Reforma Trabalhista japonesa. Não consigo deixar de concluir que o governo japonês está encarando o trabalho como um mal. Segundo o sistema de valores dos judeus e cristãos, "os seres humanos cometeram um pecado no

Jardim do Éden e foram expulsos; como punição, Deus impôs o sofrimento da gravidez à mulher e o homem foi obrigado, com sofrimento, a um trabalho forçado todos os dias". Portanto, no contexto da cultura ocidental, a labuta tem o mesmo sentido do trabalho forçado de prisioneiros. No entanto, o Japão não tinha tradicionalmente esse tipo de pensamento, então não é necessário que os japoneses sejam impregnados por ele.

De fato, o trabalho é uma das maneiras preciosas pelas quais você pode fazer com que, durante seu tempo nesta vida, sua alma se torne mais brilhante. É fundamental pôr sua alma e seu coração no trabalho para deixar um legado a muitas pessoas e às futuras gerações. No entanto, é problemático quando você considera que o "trabalho forçado a que os prisioneiros são submetidos como uma punição" e o "trabalho numa empresa" são a mesma coisa, pois você não será feliz desse jeito.

Não são tantas as ocupações que permitem que uma pessoa trabalhe sozinha. A maioria faz parte de uma organização e trabalha inserida numa equipe. Mesmo que seja esse o seu caso, o fato de você colocar sua alma naquilo que faz se transformará na sua alegria e o levará ao crescimento pessoal. Ao mesmo tempo, o resultado da sua dedicação é devolvido à sociedade, o que por sua vez proporciona felicidade aos outros, amplificando assim a alegria. Você precisa impregnar de espiritualidade o seu trabalho para construir esse tipo de sociedade.

Na verdade, o trabalho possui a "função de gerar valores nobres". Portanto, em vez de considerá-lo como algo basicamente ruim, procure dar mais contribuições à sociedade por meio dele e alcançar a felicidade para si. Com essa postura, não há problema se você enriquecer, conquistar uma posição social melhor ou ficar famoso durante o processo, mas esses aspectos devem ser considerados apenas como efeitos secundários.

Na vida, as pessoas procuram alcançar seus objetivos por meio de alguma atividade, e é fundamental que esse trabalho seja do tipo que não só não prejudique os outros como também beneficie muita gente. "Estou feliz por ter você na minha vida" ou "Seu trabalho facilita muito meu dia a dia" – essas são palavras de admiração que gostaríamos de ouvir dos outros. Isso não é só uma razão para viver, como também uma "razão para morrer". É essencial ficarmos satisfeitos com o trabalho que realizamos. Sem esse *senso nobre de dever* seria muito difícil para os seres humanos continuarem trabalhando por um longo período de tempo.

3
Prepare-se para a "era do homem centenário"

Reorganize seu "modo de pensar" e sua "visão de vida"

Dizem que a expectativa média de vida alcançará os 100 anos ainda no século XXI; por isso, no Japão há um movimento para mudar o sistema tradicional de aposentadoria por volta dos 60 anos. As empresas estão se esforçando para que seus funcionários possam trabalhar até os 65, mas isso ainda não é tão fácil assim.

Provavelmente, você vai chegar à fase final da sua vida em condições compatíveis com a sua maneira de pensar atual. Por exemplo, se você considera que os humanos são como máquinas, que se deterioram com o tempo, no final é assim que você estará: como uma máquina desgastada. Mas, se você acredita na chegada de uma era em que homens centenários serão comuns, precisa se preparar. Por isso, você deve mudar sua visão da vida e pensar: "Ainda tenho um longo caminho pela frente". Se você acha que chegar aos 50 anos é alcançar a metade do caminho e que sua vida ainda vai continuar por muito tempo, como viverá os próximos 50 anos? Se não fizer um esforço para responder a essa pergunta, existe uma grande chance de você desaparecer como a chama de um fósforo.

No meu caso, trabalhar na Festividade Natalícia não é sofrimento, mas um prazer. Apenas não me agrada muito quando ouço: "Esta é a palestra número 'X' " ou "Em comemoração aos 'X' anos de Ryuho Okawa"; por isso, nossa equipe não anuncia mais esses dados. Se fossem números de poupança, seria uma alegria vê-los aumentar. A passagem dos anos me dá a impressão de que meu tempo está se esgotando, e isso não é positivo. Já passei da idade de aposentadoria das pessoas em geral, mas não tenho a menor intenção de parar por aqui. Às vezes, sou citado em alguma notícia sem idade definida. Está ótimo assim.

Quem se considera no fim, então está no fim de sua vida. Mas, para quem acredita que ainda tem muito a fazer pela frente, continuará tendo trabalho. E para poder continuar ativo é essencial que você plante "sementes" de trabalho. Ao mesmo tempo, aperfeiçoe-se continuamente e adote uma visão de vida que faz da alegria de muitas pessoas a própria alegria.

Não ceda à tentação da preguiça

Eu realizo muitas palestras, mas às vezes sou tomado por pensamentos tentadores do tipo: "Talvez seja melhor não dar tantas palestras. Assim, bastaria o público se deslocar de vez em quando, e mais pessoas poderiam vir assistir a cada palestra. Se eu reduzir a frequência dos eventos e passar a dar uma palestra por mês, por exemplo, virão mais pessoas".

Entretanto, procuro repensar e afastar essa ideia: "Não, se eu for derrotado por essa tentação, vou começar a ficar desleixado". Agora estou conseguindo realizar mais de cem palestras por ano. Se reduzisse para vinte, nossos templos locais receberiam mais pessoas e ficariam mais animados e movimentados. Essa ideia pode parecer boa; porém, sinto que desse jeito um projeto que poderíamos realizar em um ano acabaria demorando cinco anos, e isso está fora de questão.

Eu faço o trabalho que tenho de fazer, mas cabe aos meus discípulos aproveitá-lo da melhor forma para realizar a difusão dos ensinamentos, trazendo pessoas que ainda não tiveram contato com a Verdade que ensinamos para assistirem às minhas palestras. Assim, gostaria que eles dessem o seu melhor, gravando em seu coração que a missão de propagar a Verdade é dos discípulos. Se as coisas forem deixadas como estão, somente os mesmos membros de sempre virão aos templos locais da Happy Science. Se eu aumentar o número de palestras, não necessariamente eles conseguirão assistir a todas. Então, é preciso atrair um público novo. Basta deixar que as pessoas conheçam o que nós oferecemos e convidá--las para assistir às palestras por si mesmas. Os discípulos também precisam se empenhar, e não devem ser complacentes consigo.

PRÁTICA DO REJUVENESCIMENTO 1: MANTER CONTATO COM A FILOSOFIA DA HAPPY SCIENCE E SUA COMUNIDADE

Dentre os fiéis da nossa organização, existem muitos grupos de diferentes faixas etárias, mas o bom na Happy Science é que tanto os idosos como os mais novos mantêm um espírito jovem. Nossa filosofia possui o "efeito de rejuvenescer pessoas que já passaram de certa idade". Por outro lado, ela também tem o mérito de fazer com que os jovens passem a pensar de uma forma mais madura. Assim, no Japão, quando os jovens são contratados por uma empresa depois de terem estudado na Happy Science, talvez sejam vistos pelos mais velhos como "pessoas estranhas", diferentes de outros da mesma "geração *yutori*" – que parecem ter uma cabeça de "esponja" vistos pela geração mais antiga –, pois, apesar da idade, apresentam conteúdo e ideias que parecem de cargos gerenciais. Creio que nossos jovens estão começando a se destacar.

PRÁTICA DO REJUVENESCIMENTO 2: PREFIRA "SABEDORIAS PROFUNDAS" A "INFORMAÇÕES EFÊMERAS DE SMARTPHONES"

O que você deve fazer para ter uma vida longa mais plena e um cotidiano mais próspero? Uma das atitudes é ter sempre *curiosidade intelectual*. Tenha interesse em assuntos novos ou que você ainda não domina o suficiente e procure ser alguém capaz de falar sobre o que estudou para outras pessoas, escrever ou fazer uma apresentação sobre o tema ou usá-lo para novas ideias.

Não há virtualmente ninguém "onisciente e onipotente", que domine todas as áreas. Hoje estamos na geração dos smartphones. As pessoas conseguem obter informações simples por meio de seus aparelhos. Mas, falando francamente, no nível de alguém como eu, que escreve livros e dá palestras diante de um público enorme, é inadmissível se basear somente nas informações obtidas pelo smartphone, pois esses assuntos estão disponíveis para os outros também. O melhor mesmo é ler materiais que as pessoas comuns não conseguem ler, como livros que apresentam resultados de alguma pesquisa. Além disso, é necessário estudá-los também em outros idiomas o quanto puder e, assim, acessar diferentes fontes.

Procure obter "uma profundidade ainda maior". Hoje, as mudanças são rápidas, mas se baseiam em informações triviais que fluem sem profundidade e desaparecem como espuma. Às vezes, alguns indivíduos são capazes de tratar uma grande quantidade dessas informações efêmeras em pouco tempo e por isso são chamados de "gigantes intelectuais", mas eu não os enxergo como tal. Creio que se levou em conta somente a "capacidade de processar informações" para essa classificação. Nesse caso, em algum momento eles serão derrotados pelos computadores (IA).

Esses "gigantes intelectuais" podem parecer capazes de fazer uma análise mais aguçada das informações do que as pessoas comuns, mas precisam colocar mais os pés no chão e buscar uma profundidade maior, até que possam transformar essas informações em sabedoria. E, se continuarem com esse esforço, a cabeça deles permanecerá ativa, mesmo que a idade de se aposentar seja adiada para mais de 65, 70, 75 ou 80 anos.

Prática do rejuvenescimento 3:
fortalecimento do corpo e milagres

Além das orientações anteriores, se você exercitar seu corpo com afinco, realizando períodos de descanso regulares e eficientes, estará cada vez mais próximo de se manter na ativa até o final da vida sem precisar de médicos nem de hospitais. Isso talvez resulte na diminuição do número de pacientes, e peço desculpas se, dentre os meus leitores, houver médicos ou funcionários de hospitais. No Japão, os hospitais são hoje cobertos por várias leis de assistência médica, o que os permite aumentar seus lucros. Desse modo, imagino que eles não serão afetados pelo surgimento de alguns pacientes que se esforçam e que não precisarão mais pagar um valor alto aos hospitais.

A medicina está evoluindo aos poucos, mas também está "criando" doenças que na verdade não existem; então, é preciso ter cuidado.

De vez em quando, as revistas mensais de divulgação da Happy Science apresentam casos de cura de doenças. Isso abre margem para ficarmos na mira das críticas, mas os milagres não são tão abundantes a ponto de levar um hospital à falência. Os milagres operam para pessoas necessárias em momentos necessários. Se ocorressem em qualquer lugar, não seriam milagres. Por isso, só acontecem de vez em quando, e em diversos lugares, para despertar as pessoas da Terra.

4
Como receber inspirações para o trabalho

Famosos escritores do Mundo Celestial inspiram os filmes da Happy Science

Por mais que a tecnologia tenha evoluído ou a quantidade de informações tenha crescido em termos deste mundo, na minha área de atuação não houve nenhum aumento de informações. Comecei minha atividade em 1981 e, desde então, o mundo mudou bastante, mas ninguém conseguiu obter novas informações sobre o outro mundo.

Recentemente, recebi uma mensagem espiritual[31] do espírito de Ryōtarō Shiba[32] (1923-1996), famoso autor japonês, e quis saber a opinião dele sobre o "patriotismo". Em sua mensagem, ele disse: "Sinto que

---

31 *Shiba Ryōtarō aikokushin wo kataru* ("Ryōtarō Shiba nos conta sobre o patriotismo", Tóquio: IRH Press, 2018).
32 Ryōtarō Shiba foi um autor e crítico japonês conhecido por suas ficções históricas, como as séries *Ryōma ga yuku* ("Ryoma segue o seu caminho") e *Saka no ue no kumo* ("As nuvens sobre a colina"). (N. do T.)

muitos filmes recebem inspirações do Inferno, não há nenhum digno de receber minha inspiração". Eu concordo. Não há nenhum motivo para que Shiba se dê ao trabalho de procurar alguma produtora e enviar-lhe inspirações.

A Happy Science também produz filmes. Nossos livros são basicamente ensinamentos no formato não ficção, e não são obras literárias em sua maioria; então, se queremos fazer um filme baseado em nossos livros, temos de conceber uma história. Como a maior parte dos livros não possui uma estrutura semelhante a um romance, precisamos criar um enredo, que equivale à trama principal.

A partir de 2018, eu mesmo já criei roteiros originais para treze filmes[33], a fim de podermos lançá-los continuamente até depois de 2024. Também tive o cuidado de criar quarenta músicas para os filmes, inclusive a canção-tema de cada um. Já compus algumas músicas que serão ouvidas somente daqui a alguns anos. Esse é o meu jeito de trabalhar.

Foi nesse cenário que Ryōtarō Shiba veio até mim e não só transmitiu sua mensagem espiritual como também nos deu o roteiro para um filme. Isso é extremamente raro e valioso. Nossa previsão é lançá-lo em 2022, com o título provisório de *Aikoku*

---

33 Até maio de 2018.

joshi ("A jovem patriota"). Só não podemos realizá-lo mais cedo devido à verba e à ordem dos filmes.

Enquanto eu recebia o espírito dele, Shiba sentava-se na cadeira inclinado e escrevia bastante. Isso me deixou preocupado: "Será que ele pretende escrever uma novela de longa duração? Se ficar grande demais, não caberá num filme de duas horas. Talvez ele esteja pensando em escrever todos os dias". Por isso, a certa altura decidimos gravar a mensagem de voz dele para, depois, transcrevê-la.

Dessa forma, os espíritos de grandes escritores como Ryōtarō Shiba, Ryūnosuke Akutagawa, Sōseki Natsume e Yukio Mishima têm descido do Mundo Celestial até nós e escrito a essência do roteiro para os nossos filmes. Teremos, daqui para a frente, uma sequência de filmes produzidos com base em grandes autores que possuem um valor gigantesco.

É claro que, no caso deles, suas obras continuariam sendo valiosas mesmo se fossem criadas aqui no mundo terreno. Mas, em se tratando de revelações espirituais após a passagem deles por um período de aperfeiçoamento no outro mundo, teremos filmes de um diferencial incomparável.

Duvido que o mundo dos computadores (IA) possa criar uma obra nesse nível. Esse é um tipo de batalha que estamos travando contra as máquinas, mas elas jamais conseguirão gerar obras-primas.

Sinto que estou em dívida com esses autores, pois não lhes paguei tanto por seu trabalho impresso quando ainda estavam vivos. Se eu comprar hoje os livros deles, seus familiares podem receber os *royalties*; entretanto, com certeza os próprios escritores, que estão no mundo espiritual, não receberão nada. Por isso, estou realizando meu trabalho, apesar de sentir muito por eles.

Trabalhos que recebem inspirações 1:
harmonizar o estado do coração

Nos reinos espirituais elevados que ficam no Mundo Celestial há muitos seres que querem ajudar aquelas pessoas na Terra dignas de serem ajudadas e enviar-lhes inspirações. Esses espíritos estão aguardando para enviar inspiração de diversas maneiras em vários ramos de atividade, por exemplo na criação de filmes, novelas, peças teatrais, histórias em quadrinhos, desenhos animados, músicas e até novos designs de moda.

Ter esse apoio depende da sua devoção e do seu esforço neste mundo. Se você alcançar um estado de espírito que os seres elevados julguem digno de receber a ajuda deles, com certeza o farão e lhe enviarão conselhos. Por isso, vale a pena estudar de que maneira você pode receber esse auxílio.

É lógico, nunca chegaremos ao nível em que todos se tornarão um Buda, mas os estudos da Verdade na Happy Science permitem que você cresça e se aproxime de Buda; inclusive, os espíritos elevados que já viveram como seres humanos nobres na Terra começarão a lhe oferecer suas orientações. Dessa forma, você receberá inspirações em abundância, seja qual for o ramo em que esteja atuando. Comparado a empresas concorrentes do mesmo setor ou a outras pessoas com atividades semelhantes à sua, você se tornará muito "inspirador" e realizará um trabalho influenciado por uma inspiração superior.

Trabalhos que recebem inspirações 2:
esforçar-se para expandir espiritualmente sua consciência

Mesmo que você esteja trabalhando enquanto recebe inspiração, não basta esperar que ela continue chegando até você. Como comentei antes, você precisa se esforçar diligentemente, ter curiosidade intelectual, aperfeiçoar-se passo a passo e ter a disposição de ficar ativo até o último momento da vida, além de produzir algo cada vez melhor quanto mais o tempo passar.

Por isso, estudar as minhas palestras realizadas na Happy Science por meio de nossos livros, CDs e

DVDs e participar de seminários de *koan*[34] são oportunidades de fato muito importantes para você estabelecer um canal com o outro mundo. Por isso, eu gostaria que você realmente valorizasse essas oportunidades. Hoje, vivemos no Japão um período de taxas de juros baixíssimas; portanto, se você acha que não existe uma boa aplicação para o seu dinheiro, recomendo investir na expansão da sua consciência para abrir caminhos para o seu futuro.

TRABALHOS QUE RECEBEM INSPIRAÇÕES 3: O NOBRE PROPÓSITO DE SERVIR AOS OUTROS

Eu gostaria de deixar claro que na Happy Science não buscamos apenas a autorrealização em termos individuais. Por favor, compreenda bem esse ponto. Sempre costumamos explicar que sua capacidade de progredir e alcançar novos patamares só retornará para si mesmo depois de servir a outras pessoas. É importante formarmos muitas pessoas de espírito nobre no mundo todo.

Nesse sentido, saiba que conduzimos o trabalho missionário não para que a nossa organização obtenha

---

34 *Koan*: uma pergunta, um diálogo, uma história, uma situação ou afirmação que contém sabedoria, usada na prática zen para contemplar ou meditar e, assim, aprofundar a iluminação. Os templos da Happy Science realizam diversos seminários com base em frases de *koan*. (N. do T.)

poder como grupo religioso ou amplie sua influência, mas para criarmos mais pessoas talentosas que possam sustentar uma sociedade futura que seja abastada e, ao mesmo tempo, altamente espiritualizada.

Muitos países ao redor do mundo ainda estão na miséria. Citei os hospitais japoneses anteriormente, porém existem áreas sem hospitais e as pessoas não recebem educação satisfatória por falta de escolas. Mesmo tendo vontade de ajudá-las, ao colocar nosso plano em ação encontramos uma população enorme na pobreza e percebemos que estamos longe de conseguir dar ajuda a todos. É como tentar aterrar um brejo sem fundo que suga os recursos ilimitadamente. Por isso, a "renda irrisória" da nossa Matriz Internacional tem dificuldades de cobrir tudo.

Em muitos países, a renda média anual por pessoa é de apenas 1% da renda média do Japão. Quando vamos a esses locais para difundir a Verdade, acabamos gastando mais com ajudas imediatas, à semelhança das entidades que distribuem refeições feitas na hora, do que a quantia que recebemos como oferenda. Também imprimimos nossos livros na língua local, mas é frequente acabarmos distribuindo-os gratuitamente. Apesar da nossa vontade de propagarmos os ensinamentos, costumamos enfrentar esses problemas em algumas regiões.

5
O "pacifismo de nação única" do Japão deve ser revisado

O que está por trás da criação da Constituição do Japão

É muito importante pensarmos no motivo de vivermos num país atualmente pacífico como o Japão, tendo consciência de que o mundo passa por dificuldades. O Japão vem adotando o "pacifismo de nação única" por mais de setenta anos depois da Segunda Guerra Mundial, mas os japoneses devem avaliar se podem continuar desse jeito.

A propósito, a palestra que originou este capítulo foi realizada em 3 de maio, Dia da Constituição do Japão. Ultimamente, os debates sobre a Constituição têm esfriado bastante; parece que ninguém mais quer saber dela (na época da palestra). Claro, é inevitável que haja períodos com este clima, mesmo porque depois da guerra o Japão veio sustentando até hoje a ideia de que basta seguir a Constituição atual que o Japão terá paz e se desenvolverá com estabilidade.

No entanto, a conjuntura internacional do presente não é mais a que está contemplada na Constituição. É muito provável que, na época em que o Japão foi derrotado, ele fosse visto como um país parecido com a Coreia do Norte atualmente. Por isso, não consigo deixar de sentir que impuseram ao Japão uma Constituição que faz abrir mão do direito de travar guerras e de ter tropas militares. Provavelmente, os autores a elaboraram pensando: "Dessa forma, o Japão, um país ameaçador, deixará de ser ofensivo".

O Japão já era democrático muito antes dos Estados Unidos

O Japão conseguiu aproveitar aquela situação desfavorável e, depois da guerra, construiu uma boa nação. Considero que isso foi mérito do esforço dos japoneses que viveram no período pós-guerra e, também, devido ao ressurgimento do espírito diligente da geração anterior à guerra.

Quase todos os americanos que vieram elaborar a Constituição do Japão achavam que o país finalmente havia se democratizado depois de ser derrotado. Na prática, porém, desde a Constituição de Meiji[35] (Constituição do Império do Japão) o país já havia

---

35 Constituição que vigorou entre 29 de novembro de 1890 e 2 de maio de 1947.

construído uma democracia parlamentarista. A Restauração Meiji[36], que tornou possível estabelecer esta Constituição, defendia a "igualdade das quatro ocupações[37]"; por isso, o Japão possuía uma democracia mais avançada que a dos Estados Unidos.

Nos Estados Unidos, a discriminação ainda persistia contra os afro-americanos durante o governo do presidente Kennedy. Ele tentou resolver essas questões e foi assassinado enquanto visitava o sul, onde a discriminação era intensa. Mesmo na década de 1960, quando eclodia uma guerra, os norte-americanos enviavam prioritariamente os negros para as frentes de batalha e as áreas de guerra perigosas. Naquela época, a discriminação racial ainda era comum: brancos e negros não tomavam o mesmo ônibus, não estudavam na mesma escola, não usavam o mesmo banheiro. Foi nessas circunstâncias que Kennedy tentou conduzir reformas na estrutura social.

O movimento de "igualdade das quatro ocupações" era mais avançado que isso; então, o Japão já era uma nação bastante aberta na época. O país

---

36 A Restauração Meiji designa um período de renovações políticas, religiosas e sociais profundas que ocorreram no Japão entre 1868 e 1900; esse movimento transformou o Império do Japão num Estado-nação moderno, resultando no fim do xogunato e no restabelecimento do poder imperial. (N. do T.)

37 Antes da Restauração Meiji, o povo japonês era dividido em quatro grupos, semelhantes a um sistema de castas, representados pelas seguintes ocupações: samurais (guerreiros), camponeses, artesãos e comerciantes. (N. do T.)

já possuía um nível cultural suficiente para ter essa postura, provavelmente desde antes do Período Heian (794-1185). Portanto, os japoneses precisam reconhecer esses bons aspectos de sua pátria e ter mais confiança nisso.

A Happy Science sempre defendeu a rendição da Coreia do Norte sem derramamento de sangue

Com base em todas as informações que acabei de apresentar, eu gostaria de falar de maneira breve sobre a conjuntura ideal dos países que têm relação com Japão.

Em abril de 2018, foi realizada uma reunião de cúpula entre as Coreias e pareceu que, de repente, surgia um clima apaziguador. Até mesmo o aumento da cobertura da imprensa reforçou essa impressão (na época da palestra). Havia jornais dizendo que Kim Jong-un, líder da Coreia do Norte, e Moon Jae-in, presidente da Coreia do Sul, eram os candidatos mais prováveis a receber o prêmio Nobel da Paz em 2018. Fiquei preocupado com essa euforia.

No ano anterior, Kim havia chegado a ameaçar os Estados Unidos dizendo que iria lançar muitos mísseis balísticos. Mas, quando enviou sua irmã Kim Yo-jong para participar dos Jogos Olímpicos de Inverno PyeongChang 2018, ela obteve muita popularidade. Com isso, Kim Jong-un logo fez uma repentina mudança de estratégia e começou a falar de desnuclearização para conquistar a paz. Mas é melhor não nos enganarmos pelas ações dele tão facilmente.

É difícil acreditar que um indivíduo que vem construindo bombas atômicas e de hidrogênio há vários anos e que até ameaçou entrar em guerra contra os Estados Unidos no ano anterior viesse a se transformar de repente. E o motivo daquela encenação seria uma das seguintes situações: seria a única forma de ele sobreviver em meio a uma crise violenta em seu país ou ele está pensando em algo ainda pior.

Claro, não faço nenhuma objeção aos esforços de realizar a paz sem necessidade de guerra, com base no diálogo. Numa grande conferência especial em 2017[38] eu até sugeri que a Coreia do Norte se rendesse sem necessidade de derramamento de sangue. Eu continuo apelando para sua renúncia total das armas nucleares e dos mísseis e não necessariamente apoio a ideia da vitória por meio de guerra.

---

38 Grande conferência especial realizada no dia 2 de agosto de 2017, no Tokyo Dome, que apresentou a palestra "A Escolha da Humanidade". Reproduzida no Capítulo 6 do livro *As Leis da Fé* (São Paulo: IRH Press do Brasil, 2018).

Como distinguir um verdadeiro líder de um ditador

É importante sempre discernir bem o caráter do dirigente de uma nação. Ele é um ditador? Ou é um líder de alta competência, indispensável para governar toda a população? Podemos fazer a distinção observando se ele tem ou não o espírito de se sacrificar pela população para salvá-la num momento crítico. A presença ou ausência dessa disposição deixa claro se um indivíduo é um herói ou não.

Talvez não seja muito adequado ficar somente exaltando o Japão, mas, por exemplo, no final da Segunda Guerra Mundial, o Imperador Hirohito (1901-1989, que após sua morte ficou conhecido como Shōwa) apareceu pessoalmente diante do general MacArthur[39] e lhe pediu: "Não importa o que ocorra comigo. Por favor, poupe o meu povo". MacArthur se comoveu e disse que viu um deus vivo.

Não se sabe se o general fez um elogio genuíno ou se estava falando da boca para fora, mas, seja como

---

39 Douglas MacArthur (1880-1964): foi o general do Exército dos Estados Unidos que, depois da Guerra do Pacífico, durante a Segunda Guerra Mundial, ficou encarregado do plano de ocupação do Japão como Supremo Comandante das Potências Aliadas. Foi um dos que mais se envolveu na elaboração da Constituição do Japão. Na Guerra da Coreia, opôs-se ao presidente Truman e foi demitido. (N. do T.)

for, sem dúvida os ditadores jamais teriam a atitude do imperador. Shōwa pediu humildemente algo como: "Meu povo sofre por falta de alimentos. Por favor, salve-o. Não me importo com o que aconteça comigo". Quando o imperador foi ao quartel-general do Comandante Supremo das Forças Aliadas, provavelmente já estava preparado para ser capturado e enforcado, uma vez que ia se encontrar com MacArthur. E no quartel-general com certeza havia muitas pessoas com vontade de prender o imperador e executá-lo publicamente. Foi nessas circunstâncias que Shōwa apareceu sozinho diante de MacArthur e pediu-lhe que poupasse seu povo. Creio que esse foi um dos motivos pelos quais permitiram que a Casa Imperial Japonesa sobrevivesse após a guerra.

A questão é se Kim Jong-un tem essa mesma disposição. Se ele realmente pensasse: "Não importa o que aconteça comigo, eu vou desnuclearizar meu país. Por isso, por favor, protejam meu povo. Não massacrem a população civil", ele teria ganho aprovação e talvez merecesse receber o prêmio Nobel da Paz. Porém, se ele não possui um coração altruísta como esse e só age visando sua sobrevivência imediata, isso é realmente um problema.

6
O dever de proteger as pessoas do domínio de nações despóticas

Como deve ser o desarmamento da Coreia do Norte?

Apesar de tudo, o importante não é somente eliminar o déspota, uma vez que depois dele pode surgir alguém das forças armadas que ninguém conhece e estabelecer uma ditadura. Isso seria outro problema.

Por isso, eu gostaria que o presidente Donald Trump tentasse em sua estratégia conseguir não só a desnuclearização, mas o desarmamento completo da Coreia do Norte, forçando o país a se desfazer de todo tipo de arma capaz de provocar uma guerra, como mísseis balísticos de longa, média e curta distância, inclusive armas químicas e biológicas.

Espero que Trump não seja levado pela falsa promessa de Kim de fazer a desnuclearização, nem seja enganado por frases como: "Nós vamos nos esforçar" ou "Vamos prosseguir passo a passo", tendo em vista que o presidente Trump possui em sua agenda um encontro de cúpula com Kim Jong-un[40].

Os possíveis locais para a realização desse encontro seriam em Ulaanbaatar (Mongólia) ou em Cingapura, mas recentemente Trump sugeriu outra alternativa, dizendo algo como: "Podemos nos encontrar em Panmunjom, local onde os líderes das duas Coreias se encontraram". Do meu ponto de vista, se Trump quer mesmo realizar a reunião em Panmunjom, sinto que ele está se preparando tanto para a guerra como para a paz.

Em abril de 2018, Kim Jong-un visitou a Coreia do Sul. Para evitar que os sul-coreanos fossem ludibriados pelo clima amistoso e fizessem uma viagem em massa à Coreia do Norte, Trump precisou chegar ao local com a determinação de mostrar que os Estados Unidos, sim, são a nação aliada à Coreia do Sul e que, com os valores que compartilham, iriam desarmar a Coreia do Norte.

Ao mesmo tempo, creio que a visita de Trump àquela região provavelmente tinha outra intenção: a de incentivar os marinheiros e demais tropas americanas

---

40 Na época da palestra. Em 12 de junho de 2018 eles se encontraram na primeira reunião de cúpula entre os Estados Unidos e a Coreia do Norte, realizada em Cingapura. (N. do A.)

estacionados na Coreia do Sul. Assim, caso o encontro não desse certo, os Estados Unidos poderiam se preparar imediatamente para a guerra.

Antes de Trump pisar em Panmunjom, a Sétima Frota deveria estar a postos para protegê-lo. Desse modo, creio que os Estados Unidos estão preparados tanto para "destruir um país usando a força militar" como para "fazer um acordo para o desarmamento completo"[41].

A crueldade das regiões oprimidas: sul da Mongólia, Xinjiang e Tibete

Eu gostaria também que você soubesse que o problema da Coreia do Norte não é o único a ser resolvido. Outro a ser considerado é o da China, que invadiu o sul da Mongólia (Região Autônoma da Mongólia Interior), enquanto o restante da Mongólia enfrenta grandes dificuldades.

A Happy Science também desenvolve um trabalho missionário na Mongólia, mas nós ainda não possuímos um templo local lá. Por isso, são feitas

---

41 Um ano após esta palestra, em 30 de junho de 2019, depois de participar da reunião de cúpula do G20 em Osaka, Trump visitou a Coreia do Sul e, em seguida, realizou de repente o terceiro encontro de cúpula entre Estados Unidos e Coreia do Norte em Panmunjom, que fica na Zona Desmilitarizada entre as Coreias. (N. do A.)

meditações a céu aberto que reúnem um pouco mais de dez pessoas. Embora em pequena escala, eles de fato realizam um trabalho de difusão e publicam nossos livros inclusive em mongol.

A Região Autônoma Uigur do Xinjiang é outro local que padece. Ryoko Shaku, a presidente do nosso Partido da Realização da Felicidade (PRF), tem levantado a voz em protestos ferozes. Desde que o Xinjiang foi dominado pela China, os uigures estão sofrendo sérias perseguições por causa da política de naturalização. Dizem que em Xinjiang os órgãos dos uigures capturados estão sendo vendidos[42], e que 1 ou 2 milhões de pessoas já foram mortas ou estão encarceradas à força.

Os uigures, que vivem na Região Autônoma Uigur de Xinjiang, chamada por eles mesmos de Turquestão Oriental, são muçulmanos. Então, podem ser considerados alvo de perseguição segundo os fundamentos do marxismo, que considera a religião como ópio.

Além dessas regiões, o Tibete também foi repentinamente invadido pela China em 1950, como foi retratado no filme *Sete Anos no Tibete*, de 1997. Taiwan atualmente passa pelo mesmo risco. As Filipinas

---

42 Ver *Shū Kinpei Shugorei uigur dan'atsu wo kataru* ("O Espírito Guardião de Xi Jinping conta sobre a perseguição aos uigures", Tóquio: IRH Press, 2019).

também não deixam de correr esse perigo. A China está tentando tomar essas regiões comportando-se como uma nação hegemônica, além de já ter um histórico de dominar, de fato, algumas nações.

Introduzir liberdade, democracia e fé no sistema político chinês

Minha mensagem para a China é bem clara. Os rumos que a política chinesa tem de seguir e os valores que deve abraçar daqui para a frente são de *liberdade, democracia* e *fé*. Esses três elementos precisam ser introduzidos no sistema político chinês e isso é o que a China deve almejar no futuro.

É possível arruinar uma nação despótica só de inserir liberdade e democracia em seu sistema político. Dessa forma, os valores antagônicos passam a competir entre si dentro do país. Não será necessário acertar um tiro de canhão para derrubar o governo. Para resolver a questão da China, basta introduzir esses dois princípios em sua política.

Então, por fim, resta introduzir a *liberdade de fé e de religião*. Países com um déspota possuem muitas leis perversas. As autoridades criam leis para parecer que administram com base no estado de direito, mas, na prática, podem se basear nas leis para expurgar as pessoas e cometer diversas atrocidades. Por isso, a *fé* é indispensável. É necessário haver *justiça*, e ela precisa estar acima de regras criadas pelos seres humanos. E, com a preservação da *liberdade de crença*, os *direitos humanos* passam a ter um sentido real.

Na Ásia oriental, ninguém é capaz de afrontar a China, que está colocando outros países sob seu domínio de forma ousada. Essa situação vem durando há muito tempo. Portanto, precisamos aumentar nosso poder de influência, tendo o Japão como pilar principal, para fazer a China construir um novo regime ou mudar de regime e passar a ser uma nação que admite o tripé *liberdade, democracia e fé* como seus valores políticos.

Aliás, nos países muçulmanos há também áreas perigosas sob a influência de grupos como a Al-Qaeda ou o Estado Islâmico. Porém, como disse também Malala Yousafzai, considero que 90% dessas nações têm potencial para aceitar um sistema político democrático. Portanto, com a entrada dos ensinamentos da Happy Science, a facção extremista do islamismo pode ser destruída, ajudando-o a ser mais compreensível.

Eu realmente gostaria de resolver todas essas questões; por isso, por favor, nos dê cinco vezes, dez vezes mais forças. Encerro o capítulo com este pedido.

Palavras que vão transformar a vida 3

Uma "pequena iluminação" leva tanto o indivíduo como a organização ao sucesso

Não importa se você tem um negócio pequeno,
Uma loja ou uma grande empresa.
O segredo do sucesso
É conter a mentalidade inerente ao ser humano,
Ou seja, o seu ego,
Que procura sempre beneficiar a si mesmo,
E começar a pensar no que pode ser feito
Para beneficiar os outros.

Isso é mostrado nas palavras de Sontoku Ninomiya:
"Na banheira, se você tentar puxar a água para si,
Esta tenderá a fluir para a direção oposta.
Mas, se você a empurrar, ela voltará para você".
Eis o segredo dos negócios.

Se você agir pensando em obter ganhos para si,
As pessoas e o dinheiro irão fugir.
Em vez disso, contenha-se
E pense nas outras pessoas.
Quando conseguir fazer isso,

As coisas boas virão até você.
Esse é o início de uma gestão básica.

Quem não conseguir mudar de mentalidade
Dificilmente poderá contar com os outros
Para montar um negócio.
Embora talvez consiga sobreviver
Utilizando as próprias técnicas profissionais.
Para fazer isso,
Você precisa passar por uma reforma interior,
Pois deve compartilhar felicidade com os outros
Assumindo uma atitude reservada.
Adquirir essa maneira de pensar
É extremamente difícil.

E, se você quiser crescer mais ainda,
Deve ouvir atentamente reclamações,
Críticas e comentários negativos de cada cliente.
Talvez alguns indivíduos sejam donos de empresas
Só porque querem ser importantes e receber elogios.
Porém, se isso for tudo o que eles buscam,
Nunca ficarão satisfeitos,
Pois nem todas as pessoas irão elogiá-los e consolá-los.
Quando você for repreendido ou ouvir reclamações,
Procure aceitar suas falhas com uma atitude íntegra.

Encontre uma solução
Para oferecer um produto ou serviço melhor
E continue se esforçando para ser mais útil aos outros.
Com isso, você conseguirá fazer seus negócios crescerem
E receberá o respeito dos outros,
Mesmo que não o busque.

Essa é uma "pequena iluminação".
Quem não conseguir fazer isso
Jamais conseguirá ser um empresário.

Capítulo Quatro

Tenha confiança na sua vida

*Construa um "reino do coração"
e propague o "projeto
do futuro do mundo"*

1
Como ter entusiasmo capaz de mudar a si mesmo e levar seu trabalho ao sucesso

A Festividade Natalícia foi transmitida via satélite para diversos países

Em 2019, realizamos de forma inusitada a Festividade Natalícia em Fukuoka, na ilha de Kyushu. Talvez tenha sido a primeira e última ocasião para fazer um evento como esse naquele local. Ficarei contente se aqueles que estiveram presentes se lembrarem daquele dia como uma data memorável na vida deles.

Em geral, dou esta palestra comemorativa nas redondezas de Tóquio para facilitar a vinda das pessoas de todas as partes do país, mas, em 2019, por causa da indefinição da data das eleições parlamentares, a data da nossa comemoração também estava pendente. Por isso, os coordenadores da festividade não haviam feito a reserva de um espaço no ano anterior e pretendiam recorrer a um salão pequeno. Mas eu exigi que procurassem e reservassem um espaço grande, não importava onde fosse. Encontraram dois possíveis locais: um em Fukuoka e outro em Tokushima. No segundo, já havíamos dado uma grande conferência em anos recentes[43]; então, preferimos Fukuoka.

Nós costumamos fazer a transmissão via satélite da Festividade Natalícia para diversos países. Assim, as pessoas de fora do Japão que nos assistiram na ocasião podem ter ficado na dúvida sobre a escolha do local. A província de Fukuoka é uma base de emissão de informações para a Ásia e um local de defesa; portanto, considero que ela possua algum significado.

Apesar de ter chovido forte até a véspera do evento naquelas terras da Região Kyūshū, fiquei aliviado quando cheguei lá e a chuva parou.

Uma grande autoconfiança pode abrir caminhos

Pretendo abordar este capítulo evitando detalhes muito técnicos, a fim de torná-lo mais compreensível para todo o mundo. "Tenha confiança na sua vida" é um assunto muito comentado pelas pessoas hoje e, sem dúvida, uma forte autoconfiança pode abrir caminhos.

---

[43] Em 23 de abril de 2016, realizei a palestra intitulada "O ponto de partida para trazer felicidade à humanidade" em Asty Tokushima (Centro de Intercâmbio da Indústria e do Turismo de Tokushima), reproduzida no Capítulo 3 do meu livro *As Leis da Fé* (São Paulo: IRH Press do Brasil, 2017). (N. do A.)

Na Festividade Natalícia de 5 de julho de 2019, dei minha palestra de número 2.950, quase alcançando a marca das três mil. Sem autoconfiança eu não teria conseguido atingir esse ponto. Sob o espírito de "cem lutas, cem vitórias", devo realizar palestras com a intenção de "desafiar três mil e vencer três mil"; caso contrário, seria dificílimo continuar com este trabalho.

Podem ocorrer imprevistos, e com frequência enfrento incidentes repentinos antes de dar uma palestra. Fora do Japão, já visitei países preocupantes onde precisei de segurança armada; em outros locais já enfrentei insônia na véspera da palestra e, na Índia, um país quente, o ar-condicionado estava regulado para uma temperatura tão baixa que cheguei a tremer de frio.

Ao longo de milhares de palestras, tudo pode ocorrer em todo tipo de ambiente. Na província japonesa de Ehime, na Ilha de Shikoku, tivemos de seguir para o local do evento[44] enquanto um tufão se aproximava de onde estávamos. Mas ele não veio durante a palestra que realizei de manhã, e atingiu a área somente mais tarde naquele dia.

---

44 Palestra "Mizukara wo jinzai ni sodateru niwa" ("Como se capacitar para ser um talento humano"), que realizei em 17 de setembro de 2017 no Rihga Royal Hotel Niihama, na província de Ehime. Foi reproduzida no Capítulo 2 do meu livro *Jibun no kuni wa jibun de mamore* ("Proteja a sua nação com as próprias mãos", Tóquio: IRH Press, 2017). (N. do A.)

Na província de Aomori, ao norte do Japão, um míssil norte-coreano havia cruzado o céu sobre o Estreito de Tsugaru poucas horas antes da minha palestra[45], aterrorizando os habitantes locais. Esse motivo me deu uma determinação ainda maior de ir para lá. Na ocasião, meu pensamento era: "Mísseis? Vou abatê-los com meu poder mental!". Não custa nada usar um poder psíquico e, além disso, seria uma forma econômica de resolver o problema, mas nem sempre devemos depender dessa alternativa. Se eu tivesse medo daquilo, não conseguiria dar palestras.

Desse modo, sempre procurei fazer o melhor, independentemente das circunstâncias, nesses 33 anos desde a fundação da Happy Science, levando em conta quaisquer situações difíceis ou incidentes inesperados.

Dei uma palestra para 8.500 pessoas aos 33 anos

Poucos dias antes de minha apresentação em Fukuoka, revisei algumas palestras que eu havia realizado entre os 30 – quando fundei a Happy Science – e os 33 anos. Sou suspeito para falar, mas, apesar de

---

[45] Palestra "Akiramenai Kokoro" ("O coração que não desiste") que realizei em 3 de setembro de 2017 no Hotel New Castle, na província de Aomori. Foi reproduzida no Capítulo 1 do meu livro *Jibun no kuni wa jibun de mamore* ("Proteja a sua nação com as próprias mãos", Tóquio: IRH Press, 2017). (N. do A.)

tudo, naqueles tempos eu já conseguia oferecer qualidade por meio de discursos respeitáveis.

Aos 60 anos, dei o meu melhor para oferecer um conteúdo de alto nível, e aos 63 continuarei nesse ritmo, mas posso dizer que me saía muito bem aos 30. Naquela época, eu tinha um forte sotaque da região de Kansai, mas hoje já consegui reduzi-lo bastante e posso discursar usando uma linguagem próxima ao dialeto oficial. Aos 33, eu pude reunir um público de 8.500 pessoas no Estádio de Sumô Ryōgoku[46]. Muitos comentaram que eu era uma pessoa bem segura de si; de fato, eu era muito confiante. Apesar dessa disposição, em 2004 eu quase morri, como foi mostrado no filme *Herói Imortal*[47]. Por isso, em 2019 tivemos um duplo marco: os 33 anos de fundação da Happy Science e os 15 anos da minha ressurreição.

Fatores para o sucesso: senso de missão, entusiasmo e convicção

Poder trabalhar é realmente uma alegria. Ter o que fazer é sempre muito importante. Enquanto sua

---

46 Palestra "Satori no kyokuchi towa nanika" ("O que é o Ápice da Iluminação"), que realizei em 17 de dezembro de 1989 e foi convertida em um livro de mesmo nome (Tóquio: IRH Press, 1992). (N. do A.)

47 *Sekai Kara Kibou ga Kieta Nara*, produção executiva e história original de Ryuho Okawa, 2019.

mente estiver ocupada com pensamentos do tipo: "Ainda tenho deveres a cumprir neste mundo. Tenho mensagens que preciso transmitir às pessoas. Tenho projetos ainda inacabados", esses pensamentos se tornarão seu senso de missão e acenderão a chama do seu entusiasmo.

Antes de minha palestra em Fukuoka, ouvi numa conversa que Kyūshū era a terra do entusiasmo e que, em vez de dizer coisas difíceis, bastaria que eu acendesse a chama do entusiasmo da plateia. Também me disseram que, sempre que os membros da Happy Science se encontram, só se lembram do entusiasmo. Aparentemente, eles valorizam mais o entusiasmo do que o amor, o conhecimento, a reflexão e o desenvolvimento[48].

De certa forma, havia razão naquilo. Tendo entusiasmo, você pode fazer tudo; qualquer trabalho que executar logo estará acima da média e indo além. Perseverando com forte convicção, qualquer coisa dará certo.

Por exemplo, no caminho a Fukuoka, avistei uma barraquinha de lámen de osso de porco. Mesmo que comece por uma barraca pequena como

---

[48] Amor, Conhecimento, Reflexão e Desenvolvimento são quatro princípios que trazem felicidade e constituem os quatro pilares dos ensinamentos da Happy Science, a doutrina fundamental chamada Quatro Corretos Caminhos. Ver *As Leis da Felicidade* (São Paulo: Cultrix, 2009). (N. do T.)

aquela, se você acender a chama do entusiasmo para desenvolver seu negócio, com certeza conseguirá ampliá-lo, abrir um restaurante e transformá-lo num grande empreendimento. Isso é possível em qualquer profissão.

A "gratidão" e a "retribuição" pelo que você recebeu abre caminhos

Talvez você não se sinta confiante em vários aspectos, ache que não tem talento, que não possui um bom histórico nem realizações suficientes, mas não deve se remoer pensando apenas no lado negativo. Em vez disso, procure valorizar o que possui agora, e vai perceber o quanto já recebeu. Você já recebeu muitas coisas; perceba o quanto é gratificante de verdade reconhecer isso.

Se eu tivesse de citar um único defeito das pessoas da era moderna, diria que elas carecem demais de gratidão. Pensam somente em ganhar alguma coisa dos outros, mas não se preocupam em "dar" ou "agradecer e retribuir".

Com o sentimento de gratidão e a vontade de retribuir aos outros, seu caminho vai se abrir independentemente do que fizer, e as pessoas ao seu redor irão ajudá-lo. Isso é essencial.

Não se restrinja pelas qualidades herdadas nem por suas realizações passadas

Em 1986 realizei o encontro inaugural da Happy Science. No ano seguinte, comecei a dar palestras públicas; isso foi há 33 anos. Assistindo à minha primeira palestra, meu pai comentou que ninguém viria para a minha apresentação, já que não havia nada de bom em mim; disse que minha voz era ruim, que meu rosto não era atraente, que eu não tinha estilo e que eu não poderia ser inteligente quanto achava, porque era uma média entre meu pai e minha mãe.

Aquelas com certeza eram características que herdei dos meus pais. Mas, com isso em mãos, temos de pensar em aprimorá-las e deixá-las proveitosas para que se tornem nossa força. E isso depende de cada um.

Portanto, não se restrinja apenas se moldando pelos fatores inatos, como o DNA que recebeu dos pais, ou por suas realizações do passado. Enquanto continuar os seus projetos, você conseguirá avançar muito mais do que imagina agora. Eu sinto isso firmemente, sobretudo vindo do meu trabalho. Quanto mais avanço, mais vejo que o que eu pensava antes era pequeno, que eu não confiava nos meus talentos ou que minha autoconfiança era pequena, mesmo que houvesse pessoas me apoiando.

2
Palavras e energia podem mudar seu ambiente e o mundo

A força mística para transformar a realidade e atrair apoiadores

Você deve se erguer sozinho e estar determinado a continuar firme em seu propósito até cumpri-lo, mesmo que não haja ninguém para ajudá-lo. Se você tiver uma confiança e uma convicção tão fortes assim, os outros se sentirão atraídos e passarão a apoiá-lo. Isso é místico. Em contrapartida, se você não tem confiança em si, pode receber muitas críticas, ofensas e ouvir os outros dizendo: "Não faça besteiras".

Quando decidi fundar uma religião na época em que era assalariado, por exemplo, imaginei que ninguém iria me apoiar. Por isso, tive uma forte determinação de partir sozinho, sem depender dos amigos. Comecei disposto a fazer tudo sozinho, mas o movimento começou a crescer, com desconhecidos de toda parte do país vindo me apoiar e ajudar. Não imaginava que havia tanta gente buscando a Verdade Divina. Fiquei repleto de uma sensação mística.

Hoje, a Happy Science está trabalhando simultaneamente em diversos projetos. Comparado à época em que eu tinha de começar tudo do zero, podemos dizer que conquistamos um certo grau de sucesso em muitas de nossas iniciativas. E agora, mantendo esse êxito, estamos tentando lançar outros projetos relacionados. A única coisa que estou fazendo é expandir nossa organização ainda mais olhando para o futuro; então, penso que não há nada que nos cause preocupações.

Nossa meta final é transformar a Happy Science no Japão em uma "religião de Estado". Se esse é o nosso objetivo, somos capazes de tudo. Seja qual for a nossa meta, sempre existe algo que podemos fazer para nos aproximarmos dela.

Além disso, existem também pessoas de fora do Japão assistindo às minhas palestras. Então, precisamos transformar a Happy Science numa "religião de âmbito mundial". Se uma pessoa estabelece um propósito de realizar uma grande obra visando à construção de uma religião de escala mundial, nada será impossível para ela. Assim, temos de nos fortalecer e crescer a cada ano de maneira sólida e persistir em nosso desejo. Por isso, não devemos ter uma mente limitada.

A luz e a força do universo irão desbloquear seu potencial

O dia da palestra deste capítulo caiu no período das eleições da Câmara dos Conselheiros[49], e recebi uma série de restrições para falar em público, por isso, foi difícil dar a palestra. Limitei-me à minha posição de "fundador e presidente do grupo Happy Science"[50], pois não podia falar como fundador e presidente do PRF, uma organização política.

Muitos nunca devem ter passado pela experiência de ser um político e talvez pensem que os políticos são pessoas importantes e que realizam trabalhos difíceis. Pode ser até que sintam uma grande barreira entre os políticos e eles. Entretanto, durante o voo a Kyushu percebi que havia um parlamentar sentado ao meu lado, usando tênis e caminhando de maneira descontraída. Não me pareceu que ele possuía um trabalho complicado. Era um ex-cantor que fez sucesso na adolescência.

Fiquei admirado pelo fato de que alguém podia virar um parlamentar só por ter feito sucesso como cantor.

---
49 É a Câmara Alta do Japão e equivale ao Senado no Brasil. (N. do T.)
50 Por causa de leis eleitorais, o autor precisava ser cauteloso para abordar assuntos políticos, não podendo falar na posição de conselheiro do Partido da Realização da Felicidade. (N. do T.)

Certamente não digo isso com a intenção de subestimá-lo; nós também estamos começando a lançar alguns cantores. Inclusive, um deles está entrando nessa profissão aos 40 anos, e cantou em público pela primeira vez antes da palestra deste capítulo. Debutar nessa idade é sensacional. Aliás, ele também interpretou o personagem que estava me representando no nosso filme *Herói Imortal*. Por isso, até estou pensando: "Será que devo ter uma aparência mais ousada? Devo vestir também um traje branco como o dele[51]?".

Nunca se sabe o que pode ocorrer na vida. Alguns se tornam atores ou cantores aos 40, enquanto outros se tornam políticos depois de uma longa carreira em alguma outra atividade. Há também líderes religiosos que se tornam políticos. Tudo pode ocorrer, e o importante é que aqueles que acumularam várias experiências de vida sejam os líderes.

Portanto, pare de se restringir como se fosse uma pessoa pequena. Todos possuem um grande potencial. Esse potencial será desbloqueado quando você abrir seu coração e receber muito mais luz do universo fluindo em sua direção.

---

[51] Antes da palestra deste capítulo, Hisaaki Takeuchi, que interpretou o protagonista de *Herói Imortal*, surgiu no palco num traje branco e apresentou a canção-tema do filme: *Nova Ressurreição* (letra e arranjo de Ryuho Okawa). (N. do A.)

Se você se esforçar para cumprir sua missão como filho de Deus ou de Buda, se tornará uma outra pessoa, tão diferente que nem mesmo se reconhecerá. Você vai pensar: "Eu não percebi que era tão esperto e possuía tanto entusiasmo assim", "Não consigo acreditar que saíam da minha boca palavras tão maravilhosas", "Estou surpreso com a quantidade de pessoas que confiam em mim" ou "Eu não sabia que tinha tanta influência sobre as pessoas". O futuro muda todos os dias, a cada segundo. Então, é importantíssimo mudá-lo para uma boa direção.

Às vezes, você só consegue conquistar 1% daquilo que planejou. Mas, se você mantiver seu objetivo em mente, aquele 1% aos poucos crescerá para 2%, 3%, 5%, 10%, 20% ou mais. Isso ocorrerá sem dúvida. Por isso, não se considere pequeno. Você é um ser limitado, mas o poder do universo é imenso.

Nas minhas primeiras palestras, eu dizia que, se eu fosse descrever El Cantare[52] como uma forma visível, diria que Ele seria uma esfera de luz com uns 10 km de diâmetro. Seria difícil inserir uma esfera

---

52 El Cantare é a maior entidade espiritual do Grupo Espiritual Terrestre. Ele vem guiando a humanidade desde a Gênese da Terra como o Deus da Terra. Inclusive, considera-se que Ele fez parte da Criação do Universo. A consciência principal de El Cantare desceu há 330 milhões de anos como Alpha, e há 150 milhões de anos como Elohim. Adveio na presente era como Ryuho Okawa, no Japão. Ver *As Leis do Sol* (São Paulo: IRH Press, 2ª Ed., 2015) e *As Leis da Fé* (São Paulo: IRH Press, 2018). (N. do A.)

de 10 km num corpo físico, então, entraria somente uma parte proporcional ao tamanho de uma "cabeça de fósforo". Mas, na verdade, 10 km é um tamanho insuficiente para expressá-lo. Se Ele cobre toda a Terra e vai a diversos lugares do universo para dar orientação, precisa ter uma força bem maior. Então, creio que fui modesto ao descrevê-lo daquela forma.

A Happy Science está movendo o Japão, Hong Kong, Taiwan e o mundo

Venho acumulando ensinamentos em diferentes campos e hoje estou apto a emitir minhas opiniões sobre o que seria ideal para o Japão e para o mundo. No início, talvez minhas ideias parecessem irrealistas, mas os comentários que faço atualmente dizem respeito ao futuro para o qual o Japão deve avançar agora e o rumo que o mundo precisa tomar.

E as coisas estão mudando mesmo. Veja Hong Kong. Houve protestos de milhões de pessoas[53]. Os manifestantes estão pedindo ajuda ao Japão, mas somente a Happy Science e o PRF os estão apoiando

---

53 Ocorreram dois protestos maciços em Hong Kong em junho de 2019: um no dia 9, com cerca de 1 milhão de manifestantes, e outro no dia 16, com cerca de 2 milhões de manifestantes, em oposição à "lei de extradição", que permitiria que suspeitos criminais em Hong Kong fossem entregues à China continental. (N. do A.)

efetivamente. Nosso apoio está chegando até eles, de fato. Antes disso, fui também a Taiwan[54], que agora recuperou seu entusiasmo e demonstra uma atitude mais forte.

Não desejamos que as nações discutam ou briguem entre si. Nós pensamos no que cada país pode fazer para que seu povo brilhe mais e seja mais feliz e, quando concluímos que um certo caminho é o que traz mais felicidade, apoiamos a ideia. Não ficamos presos a nenhuma ideologia específica nem a algum modo de pensar, exigindo que se faça tudo de acordo com isso. Quando sugerimos alguma coisa, nós o fazemos pensando na felicidade de cada um e da nação, tendo o futuro em vista.

---

54 Fui a Taiwan em 3 de março de 2019, depois de receber uma carta de Lee Teng-hui, ex-presidente de Taiwan, e realizei a palestra "Love beyond hatred" ("O amor supera o ódio") e uma sessão de perguntas e respostas no hotel Grand Hyatt Taipei. A palestra foi transcrita e deu origem a um livro com o mesmo nome (Tóquio: IRH Press, 2019). (N. do A.)

3
O Partido Republicano de Trump é semelhante ao PRF

Antevendo o potencial de Trump

Quando ocorreram as eleições americanas há três anos, comentava-se que Donald Trump não tinha nenhuma chance de vencer. Mesmo assim, eu previ que Trump seria o presidente, e até incentivei seus assessores. Apesar de terem lido sobre as perspectivas promissoras no meu livro de entrevista espiritual com o espírito guardião de Trump[55], eles estavam pessimistas, sentindo que perderiam de todo jeito. Porém, para a surpresa de todos, a vitória foi de Trump.

A mídia fez duras críticas e continua ainda hoje, mas aos poucos Trump foi mostrando sua competência e suas realizações. Por isso, penso que minha visão não estava distorcida.

---

55 *Shugorei interview: Donald Trump America fukkatsu e no senryaku* ("Entrevista com o espírito guardião: estratégia de Donald Trump para recuperar os Estados Unidos", Tóquio: IRH Press, 2016).

O PRF corresponde ao Partido Republicano americano

Os antigos assessores de Trump escreveram um livro chamado *Trumponomics*[56], sobre a política econômica de Trump. A Happy Science tem uma conexão com eles; por isso, estamos negociando se poderíamos traduzi-lo oficialmente[57]. Aliás, os membros do nosso partido já leram uma tradução seletiva para o japonês do seu conteúdo e pelo menos já estão cientes. O que o livro diz é quase igual ao que o PRF vem dizendo há dez anos. Até parece que Trump, que venceu as eleições presidenciais de 2016, tinha praticamente copiado o que nós estamos dizendo desde 2009. Não que ele tivesse copiado de fato. A fonte das inspirações tanto para ele como para nós é a mesma, por isso dizemos coisas parecidas.

As medidas adotadas pelo PRF são algo fora do comum no país, e muitos japoneses ficam incrédulos. Isso ocorre porque, segundo o ser espiritual que fornece inspirações a Trump, ele está enviando praticamente as mesmas inspirações também para nós.

---

56 Coautoria de Stephen Moore e Arthur B. Laffer, New York: All Points Books, 2018.

57 Após a palestra, a Happy Science adquiriu de forma bem-sucedida os direitos de tradução do livro *Trumponomics*; a versão japonesa, que leva o mesmo título, foi publicada no final de dezembro de 2019. (N. do A.)

No Japão não existem dois grandes partidos, como nos Estados Unidos. Até agora, não havia um partido que correspondesse ao Partido Republicano norte-americano. O partido que vem administrando o país há muito tempo é o Partido Liberal Democrata (PLD). Muitos o consideram linha-dura, mas o primeiro-ministro Abe (PLD) não tem nada de linha-dura. Pelo contrário, está mais para pacifista. O PLD está cada vez mais pendendo para a esquerda, adotando medidas cada vez mais parecidas às do Partido Comunista do Japão, ou às do Partido Social Democrata.

Desse modo, comparado aos partidos norte-americanos, o PLD corresponde ao Partido Democrata e, na verdade, é o nosso PRF que corresponde ao Partido Republicano.

Vários dos demais partidos japoneses de oposição já participaram de debates na tevê, inclusive formando coalisões, mas esses partidos japoneses de oposição seriam considerados grupos pequenos nos EUA. Lá não existe nenhum partido que anuncie uma tolice como: "Vamos preservar a Constituição". Todos estão mais preocupados em trazer novos ares e promover mudanças. Em contrapartida, o Japão parece ter vários "monumentos naturais" conduzindo a oposição. Nenhum deles corresponde a um dos dois grandes partidos dos Estados Unidos.

O Japão não tem no parlamento representantes de um partido como o dos republicanos, que é conservador e almeja que os EUA sejam uma nação forte e, ao mesmo tempo, um governo pequeno[58]. Esse partido busca o crescimento econômico para que os EUA sejam capazes de restabelecer a ordem no mundo. Embora essa seja a mentalidade predominante nos EUA, no Japão somente o PRF a adota, o que representa menos de 1%. Isso ocorre porque o senso comum do povo, a mídia e o que é ensinado na educação são totalmente diferentes do que existe nos EUA. Precisamos promover a mudança dessa mentalidade. Nos EUA, o PRF elegeria um presidente com sua ideologia. Isso significa que a mentalidade do nosso partido não está errada. Se você ler *Trumponomics*, notará que constam nele propostas praticamente iguais às do PRF.

Depois das reduções tributárias para empresas, a taxa de crescimento econômico aumentou

Outra proposta do PRF é reduzir o imposto sobre consumo de 8% para 5%, em vez de elevá-lo para

---

58 O governo pequeno é um princípio que descreve um sistema econômico e político no qual há um envolvimento mínimo do governo em certas áreas da política pública e no setor privado. (N. do E.)

10%. Como outros partidos também anunciaram sua oposição a esse aumento, você pode achar que dizemos isso só tendo em vista o aumento previsto para outubro de 2019. Os outros partidos, sim, só discutem essa questão. O Partido Comunista chegou a dizer que haveria uma taxação enorme para aqueles que tivessem grandes lucros a fim de distribuir a renda.

Por outro lado, de acordo com o *Trumponomics*, a ideia de Trump não era conseguir um efeito no curto prazo. As empresas norte-americanas tinham de pagar cerca de 35% de tributos, mas Trump anunciou claramente a redução da carga tributária para 15%, independentemente do porte da companhia. Dessa forma, ele pretendia aumentar a competitividade internacional, aquecer a economia norte-americana e desenvolver o país. Ou seja, com a redução dos impostos as empresas ficam motivadas, investem mais, a população passa a ter uma melhor expectativa com relação ao futuro, o consumo aumenta e a economia se recupera.

É isso que está ocorrendo de fato. Na época de Obama, os Estados Unidos só tiveram um crescimento econômico de 1,6%. Com Trump, o país já cresceu mais de 3,1%, e ele tem intenção de chegar a 5%.

4
O modelo proposto pelo PRF para o Japão do futuro

A redução dos impostos vai aumentar a taxa de crescimento econômico

Muitas pessoas devem estar criticando a posição do PRF por defender a redução do imposto sobre consumo de 8% para 5% no Japão, achando que isso só vai aumentar o déficit fiscal, mas não é esse o nosso objetivo.

O que estamos defendendo é a revisão dos impostos, inclusive os das empresas e sobre a herança, para que a economia japonesa melhore no geral. Se houver desenvolvimento, a arrecadação de impostos crescerá, o tamanho da economia aumentará e, além disso, diversos problemas, como o da previdência, poderão ser resolvidos.

A presidente do PRF, Ryoko Shaku, disse inclusive que é possível resolver a questão da previdência se a economia crescer 4,1%. Não cheguei a conferir esses cálculos, mas, se ela diz, devem estar certos porque é uma pessoa muito inteligente, e esse resultado também está de acordo com a minha intuição.

Há muito tempo a economia japonesa tem apresentado um crescimento baixíssimo. Está na hora de mudarmos essa situação. Manter a economia estagnada por trinta anos vai muito além da capacidade humana. Nem Deus conseguiria essa proeza.

O país continuou nesse estado aparentemente impossível ao longo dos últimos trinta anos, fazendo com que a economia crescesse só 1,5 vez durante esse tempo. É um resultado deplorável e isso significa que existe potencial de crescimento por meio de qualquer esforço de medidas econômicas.

Para lidar com essa situação, eu pensaria em reduzir os impostos. Ou seja, em vez de inflar o Estado para proteger todos os cidadãos e deixá-los mais dependentes, eu procuraria melhorar a atividade econômica, tanto das empresas como dos indivíduos e, assim, aumentar o tamanho da economia. Se a economia japonesa está estagnada por trinta anos, basta abrir um caminho e o país com certeza se expandirá. Eu gostaria que a população nos escolhesse para podermos executar esse plano. Primeiro começaríamos com um crescimento de 3%, depois aumentaríamos para 5%. Esse plano é quase igual ao *Trumponomics*.

Como o Japão conseguirá ultrapassar o PIB da China até 2050

Em termos macroeconômicos, basicamente pensamos em fazer o Japão ultrapassar o PIB da China até 2050. O país tem essa qualificação. É inadmissível que ao longo de trinta anos o Japão tenha crescido só 1,5 vez, enquanto a China cresceu 75 vezes no mesmo período. Embora eu saiba quem conduziu tão mal a administração para dar esse resultado, fico com a mesma indignação das pessoas que dizem: "Quem é que fez isso? Quero conhecer o indivíduo".

Por outro lado, as estatísticas da China são questionáveis; parece haver muita falsificação envolvida, e creio que logo a verdade vai surgir. Os chineses alegam que o país vem crescendo mais de 7% todos os anos, mas anunciaram que, em 2015, esse número caiu para menos de 7% e que, em 2018, foi de 6,6%. Porém, segundo os cálculos de especialistas, o crescimento econômico da China em 2018 foi só de 1,6%. Há até o esboço de um cálculo que concluiu que a China está tendo um crescimento econômico negativo. Eu sinto que essa estimativa está mais correta e que a bolha econômica da China já começou a estourar.

Portanto, o que o Japão precisa fazer agora é recuperar uma vez mais a rota do crescimento e revitalizar o país. E ainda ter base, maneiras de pensar e opinião sólidas e capazes de mostrar com clareza "o que é bem e o que é mal para alcançar a justiça global". Isso é fundamental.

No mínimo, o Japão deve exercer uma grande influência sobre as nações asiáticas indicando a elas qual é o futuro correto. Além disso, é importante que o país idealize claramente como deve ser sua relação com os Estados Unidos, com a Rússia e com a Europa. Isso é o que o PRF, o "Partido Republicano japonês", está pensando agora.

A mídia não precisa dar destaque aos partidos de proposta única

Apesar de tudo, o Japão tem uma mentalidade muito estreita. Ele permite que um partido consiga entrar na disputa com campanhas baseadas numa "única questão", com candidatos que se concentram num único tema "carro-chefe" para tentar vencer a eleição.

No dia do início da campanha eleitoral, em 4 de julho de 2019, vi no canal NHK cada partido fazendo suas primeiras apresentações. Eles até exibiram, por duas vezes, o comício do partido anti-NHK, o

Partido que Protege a Nação da NHK[59]. Fiquei imaginando por que a emissora se engajou nessa espécie de autopunição. Talvez quisesse mostrar imparcialidade; mas, como a maioria das pessoas não considera útil a ideia daquele partido, a NHK não precisava ter feito a transmissão.

A NHK é a única emissora que fica passando repetidas vezes notícias que não dão audiência, como enchentes causadas por chuvas intensas em certas áreas e as fatalidades resultantes. Se o trabalho dela é dar uma contribuição pública independentemente da audiência, deveria ter mais autoconfiança. Ela não precisa dar destaque a um partido que só aborda um único tópico. Em vez disso, deveria fazer uma divulgação mais ampla de um partido político melhor, como o "Partido Republicano do Japão".

As emissoras e os jornais do Japão começaram a mudar

Embora as notícias da NHK sejam pró-China de acordo com muitas opiniões, ultimamente ela começou

---

[59] Emissora pública japonesa. É criticada por cobrar taxas de transmissão de todos os residentes no Japão que possuem uma tevê em casa, mesmo que não a usem. Seus cobradores são odiados pela população por terem uma abordagem agressiva na hora da coleta. O Partido que Protege a Nação da NHK surgiu com o único propósito de proteger os cidadãos da ameaça dos cobradores. (N. do T.)

a mudar. Por exemplo, a NHK World, voltada para as notícias fora do Japão, fez uma cobertura dos protestos em Hong Kong de 1 milhão de pessoas, em 2019. Porém, na China continental essas cenas foram censuradas para que o povo chinês não as visse. O governo de Pequim forçou a transmissão internacional da NHK a deixar a tela preta durante a cobertura.

Se houve pressão de Pequim para impedir que os chineses e honcongueses assistissem à transmissão da NHK, significa que a NHK também está veiculando conteúdo anti-China, ao contrário da postura que tinha antigamente. Por isso, deve ter mais autoconfiança.

Observei também que vários jornais estão mudando bastante, como o *Asahi Shimbun*, o *Tokyo Shimbun* e o *Chūnichi Shimbun* (os dois últimos estão sob a mesma administração). De certa forma, esse é um assunto um pouco delicado, porque aqueles que pretendem ser políticos pelo PRF acham que ainda existe uma grande distância entre esses jornais e a Happy Science.

Em abril de 2019, o *Asahi Shimbun* fez uma matéria sobre a Região Autônoma Uigur de Xinjiang. Provavelmente passou por uma severa censura chinesa, pois levou um mês para ser publicada depois de gravar suas entrevistas com os uigures. Seja como for, isso mostra que o jornal foi capaz de agir de forma ousada.

Em 1991, quando nos desentendemos com a Editora Kōdansha por causa das falsas histórias sobre a nossa organização que ela publicou em sua revista *Friday*, *Asahi* foi o único jornal que nos apoiou. Não sei por quê, e eu até fiquei surpreso, mas o jornal acusou a editora sucessivamente de atividades fraudulentas.

No mesmo ano, publiquei um livro chamado *O Grande Alerta de Alá*[60], hoje fora de catálogo, e naquela ocasião o jornal *Asahi* nos apoiou da mesma forma por defendermos os muçulmanos. Eu lia a matéria pensando: "Que jornal excêntrico". Mas, como também somos excêntricos, ele diria o mesmo de nós.

Em 1995 houve um outro incidente. Em março daquele ano começamos um litígio contra a seita Aum Shinrikyo[61]. Publicamos um grande livro intitulado *Plano de Aniquilação da Seita Aum Shinrikyo* e o colocamos à venda por todo o Japão, fazendo muitos anúncios de forma ousada. A maioria dos jornais dizia: "Vocês não têm medo do que estão fazendo?", mas só o *Asahi* também criticava a seita com suas matérias. Os outros jornais ficaram observando por uma semana quem venceria: se a polícia ou a Aum.

---

60 Tóquio: IRH Press.
61 Aum Shinrikyo (Verdade Suprema, em tradução literal): seita japonesa apocalíptica que ganhou notoriedade internacional quando realizou um ataque com gás sarin ao metrô de Tóquio em 1995, que matou doze pessoas e feriu mais de 6 mil.

Se a polícia perdesse, eles não poderiam escrever nada. Se ela tivesse chance de vencer, escreveriam um artigo a respeito. Independentemente da situação, o *Asahi Shimbun*, por outro lado, fez críticas severas. Eu cheguei a dizer a alguém do jornal que eles eram corajosos. E nos devolveram as palavras, dizendo que a Happy Science também era valente.

O incidente com o gás sarin ocorreu mais tarde, e ambos trememos ao tomarmos conhecimento do tipo de inimigo com quem estávamos lidando.

As políticas do PRF ultrapassam a mentalidade padrão dos japoneses

Por causa do posicionamento do *Asahi Shimbun*, eu não trato o jornalismo como um todo de modo tendencioso. É bom haver diversas formas de notícias, assim como é bom que a liberdade de opinião seja admitida.

A emissora estatal e os principais jornais japoneses podem parecer tendenciosos, mas, comparados aos meios de comunicação das nações ditatoriais, eles expressam suas opiniões com mentalidade sadia, sem ser totalmente controlados pelo Estado. Creio que é melhor quando a mídia pode criticar o governo.

O PRF costuma ser classificado como conservador. Mas, de acordo com as análises dos jornais que comparam as propostas dos partidos, o nosso aparece sempre nas extremidades, esquerda ou direita, segundo o tema. Ao que parece, estamos dizendo algo bem radical. Nossas políticas podem até parecer extremistas, segundo os padrões japoneses, mas gostaríamos até de declarar: "Nossa proposta, sim, é o Caminho do Meio[62] do mundo".

Imagine um indivíduo que tenha uma mentalidade sadia: "Devo adquirir confiança na vida, trabalhar com confiança e proteger minha família". Aplicar essa ideia em escala nacional significa proteger o próprio país. Esse é o modo de pensar natural.

---

62 O Caminho do Meio é o modo correto de viver que leva à verdadeira iluminação, à verdadeira felicidade e à verdadeira paz de espírito, abandonando os extremos: por um lado, os prazeres excessivos, por outro, a austeridade excessiva. Ver *As Leis do Sol* (São Paulo: IRH Press do Brasil, 2ª ed., 2015). (N. do T.)

5
Pontos que o Japão deve reconsiderar

A crítica de Trump ao Tratado de Segurança entre Estados Unidos e Japão

Em junho de 2019, a reunião de cúpula do G20 foi realizada em Osaka. Antes de vir ao Japão para o evento e depois, o presidente Trump insinuou uma possível revisão da aliança nipo-americana na próxima oportunidade.

Creio que ele esteja contestando o fato de que os jovens americanos tenham de lutar derramando seu sangue para proteger o Japão. Ele declarou: "Os Estados Unidos estão comprometidos a lutar se a Terceira Guerra Mundial eclodir. Mas o Japão pode ficar apenas assistindo a tudo pela tevê da Sony", criticando o acordo como sendo injusto.

Os jornais japoneses retrucaram: "O Japão está contribuindo, sim. Oferecemos bases, apoio financeiro e colaboramos com a 'verba de simpatia'[63]. Além disso, os EUA podem usar o Japão como base para planejar diversos ataques. Portanto, este não é um acordo vantajoso somente para o Japão, traz méritos também para os norte-americanos". Apesar dessa opinião, o comentário sincero de Trump está correto. Pela aliança nipo-americana, se o Japão for atacado – seja Okinawa, as Ilhas Senkaku ou qualquer outra ilha –, os EUA têm o dever de lutar para proteger o país. Por outro lado, se os norte-americanos sofrerem ataques, o Japão pode fingir que nem está vendo. É natural que eles considerem isso injusto.

Lendo nas entrelinhas, podemos deduzir que a próxima exigência dos EUA será que o Japão reforme sua Constituição o quanto antes: "Vocês têm sabedoria ou não? O que digo é óbvio! É o presidente dos EUA que está dizendo; por que não mudam logo a Constituição? Vocês dão desculpas dizendo que a Constituição atual foi elaborada pelo General MacArthur, mas sabiam que ele já morreu?". Trump está exigindo que protejamos o nosso país com as próprias mãos a fim de reduzir a carga deles. Isso dá sustentação justamente ao PRF. MacArthur não é

---

[63] Termo popular para *Zainichi Beigun Churyu Keihi Futan* ("Compartilhamento de Custos das Forças Americanas Estacionadas no Japão"). Com esta verba, o Japão arca com parte dos custos para manter as bases militares americanas no território japonês. (N. do T.)

um deus. Mesmo que fosse, estou em posição de decidir se devo ou não mandá-lo para o Inferno, portanto, não há necessidade de respeitá-lo tanto.

Nossas declarações políticas talvez soem agora muito radicais para os japoneses, mas apenas porque pensamentos diferentes do que tínhamos tradicionalmente vieram se infiltrando na educação, nas notícias da mídia e em outras áreas por mais de setenta anos desde o final da Segunda Guerra Mundial. Se você olhar o mundo por uma perspectiva sem tendências, enxergará o mundo que nós estamos descrevendo.

O "duplo critério" americano para lidar com o Oriente Médio

Não estou dizendo que somos a favor de tudo o que os EUA fazem. Em meus livros recentes sobre o Irã[64], pedi que os norte-americanos desistissem da ideia de atacar imediatamente os iranianos. Os EUA devem pensar melhor sobre seu "duplo critério", isto é, dois pesos e duas medidas: quando se trata da nuclearização de um país muçulmano, a comunidade internacional vê esse país com olhos rígidos, querendo saber detalhes

---

64 Ver *Nippon no shimei* ("A missão do Japão", Tóquio: IRH Press, 2019) e *Leader kokka Nippon no shinro* ("A diretriz do Japão como uma nação líder", Tóquio: IRH Press, 2019).

sobre a quantidade de urânio que enriqueceram e seu estoque; no entanto, quando Israel se equipou com armas nucleares num instante, não houve nenhuma discussão. Por estar numa posição neutra, vejo que algo está errado; há realmente um critério duplo.

Não há problema haver um país chamado Israel. Os judeus foram severamente perseguidos pelos nazistas durante a Segunda Guerra Mundial e seis milhões morreram em campos de concentração. Então, é sensato haver um local para o qual eles possam retornar.

Desde o final do século XIX, os judeus começaram a retornar à sua pátria em pequenos grupos e, ao final da Segunda Guerra Mundial, cerca de 700 mil pessoas já haviam migrado para lá. O Estado de Israel foi estabelecido com o reconhecimento do Ocidente em 1948. Isso foi correto e deveria ter sido permitido.

Porém, desde então já ocorreram quatro conflitos árabe-israelenses, durante os quais Israel foi se militarizando e ganhando força. De um ponto de vista objetivo, aquilo não foi justo. Os judeus vieram para um país estrangeiro, ganharam terras da Palestina e puderam construir uma nação. Depois de se instalarem numa terra alheia, eles deveriam ter um comportamento melhor. No Japão, quando você se muda para um novo apartamento, deve fazer uma visita aos seus vizinhos e cumprimentá-los, para construir um bom relacionamento. Então, se os israelenses receberam um país onde eles não tinham nada, não deveriam agradecer seus vizinhos e se esforçar para construir boas relações com os países vizinhos? Em vez disso, sem que as pessoas percebessem, estavam equipados com armas nucleares; e agora possuem centenas de mísseis e bombas nucleares. Será que não foram longe demais?

Por outro lado, EUA e Israel estão ameaçando fazer um ataque prévio ao Irã, sob o pretexto de "impedi-lo de desenvolver armas nucleares, pois aparentemente o país tem muito urânio enriquecido". Mas sinto que os Estados Unidos estão dando um apoio exagerado a Israel.

Além disso, existe a questão em torno das Colinas de Golá, que Israel tomou da Palestina durante a Terceira Guerra Árabe-Israelense. Recentemente, o primeiro-ministro israelense Netanyahu anunciou a intenção de renomear as Colinas de Golá para Colinas Trump, como prova de sua gratidão, terras estas que os palestinos sentem que lhes foram roubadas. Netanyahu foi esperto: se as colinas que levam o nome de Trump forem atacadas, os EUA acharão que foram eles os atacados e, portanto, se sentirão obrigados a mobilizar a Quinta Frota. Mas eu gostaria que Trump tivesse recusado a oferta e, em vez disso, mudasse o nome para Colinas Netanyahu. Dessa forma, as nações árabes ao redor poderiam atacar aquela área. Parece que Trump foi habilmente enganado.

6
Novas ideologias e projetos futuros do mundo que o Japão deve emitir

A verdade sobre o Deus do cristianismo e do islamismo

Como vimos, existe um "critério duplo", e a ideia subjacente é esta: alguns americanos consideram os países muçulmanos como "nações dos demônios", como podemos notar pelas opiniões intransigentes de John Bolton, conselheiro de Segurança Nacional do presidente americano[65]. Provavelmente, pensam que o islamismo é, em essência, um "ensinamento demoníaco". Por outro lado, muitas pessoas das nações muçulmanas também consideram os Estados Unidos demoníacos. Devido a essa desconfiança mútua, os radicais americanos dizem que "não há outra opção a não ser resolver o problema pela força". Mas existe

---

[65] Na época desta palestra. (N. do T.)

um limite em relação a quanto uma negociação política ou força militar pode fazer para solucionar essa questão, e penso que é hora de a religião entrar em cena para mediar esse problema entre os dois lados. Esse cenário chegou mais rápido do que imaginei.

Quando o cristianismo surgiu, Jesus guiava o povo sob a orientação do "Pai Celestial". O Novo Testamento relata com clareza que Jesus, sempre que realizava curas, dava sermão para milhares de pessoas ou operava diversos milagres, recebia orientações do Pai Celestial. E saber se o Pai Celestial é a mesma entidade que Maomé chamou de "Alá" (a palavra árabe para Deus), seiscentos anos mais tarde, é de extrema importância.

Não há ninguém capaz de dar uma resposta; por isso, agora eu ouso dizer: o Pai Celestial (assim chamado por Jesus) e Alá (assim chamado por Maomé) são a mesma entidade. Portanto, o cristianismo e o islamismo possuem a mesma raiz; eles creem no mesmo Deus. Eu gostaria que eles parassem de brigar entre si, uma vez que acreditam no mesmo Deus.

Seria preciso dar mais explicações religiosas para entender essa Verdade[66], mas eu gostaria que cristãos e muçulmanos cessassem os conflitos, pois não vai levá-los a lugar nenhum. Considero que apenas o Japão, um país oriental, pode ser o mediador.

---

66 Ver *As Leis do Sol*, *As Leis Douradas* e *As Leis da Eternidade*.

A verdade sobre o Deus do judaísmo

Israel é uma nação que possui uma tradição e uma história únicas, com muitos ensinamentos importantes que aparecem descritos no Antigo Testamento e merecem ser estudados; portanto, é melhor que exista como uma nação. Porém, agora tem mostrado traços de uma nação agressora, e pelo que vejo é preciso deter essa tendência. É necessário dizer-lhe que se comporte da maneira correta.

Para início de conversa, Israel ficou sem um Estado por 1.900 anos. Por isso, eu gostaria de dizer: como um deus que deixou seu povo vagar por 1.900 anos pode ser o Deus onipotente e onisciente?

Com certeza houve deuses que guiaram Israel no passado, mas a maioria dessas divindades não está mais lá. Somente uma parte dos deuses étnicos permaneceu. Se Israel está com um deus de mente estreita, eu gostaria que o país desistisse de propagar os ensinamentos desse deus específico para o mundo todo.

É correto que os israelenses lutem para proteger seu país, mas devem se limitar a isso. No entanto, é errado Israel pensar que pode dominar todos os países muçulmanos atacando-os com armas nucleares. Eu sou contra essa ideia. Então, nem todas as minhas opiniões estão de acordo com as de Trump.

Apenas dou minha opinião com base no que considero correto.

Tenha confiança para propagar a filosofia que ajudará a resolver os conflitos do mundo

A minha ideologia
Criará no coração de cada um
O reino da alma concedida por Deus ou Buda,
Também irá abrilhantar os lares,
Fará as empresas reluzirem
E enriquecerá as nações.
E ainda,
Quando essa ideologia for para fora do Japão,
Irá contribuir para a construção
Da ordem mundial
E da harmonia mundial
Visando a justiça global.
Eis os trabalhos que nos aguardam.

Nós precisamos ter confiança na nossa vida.
Por favor, tenha mais confiança na sua vida.
Agora, apenas a Happy Science
Está transmitindo os ensinamentos
Do *Supremo Deus* deste planeta Terra.

Por favor,
Propague esses ensinamentos para o mundo todo.
Conto com a sua ajuda.
Pois esse esforço será a salvação do mundo.
Quando nem o islamismo nem o cristianismo
Conseguirem mais superar os problemas,
Os ensinamentos da Happy Science
Virão para vencê-los
E realizar a salvação do mundo.

Por favor, eu gostaria que você fosse mais forte,
Desenvolvesse seu poder,
Tivesse mais sucesso
E levantasse mais a voz.

Gostaria que você
Expandisse sua força para o mundo,
Transpondo fronteiras.
Peço de coração.

Palavras que vão transformar a vida 4

Mensagem de El Cantare, o Deus da Terra

Agora, digo a todos.
O Senhor Deus, assim chamado pelos cristãos;
Elohim[67], assim chamado pelos judeus;
Alá, assim chamado pelos muçulmanos;
O Soberano do Céu,
Assim chamado por Confúcio, da China;
E, ainda, Ame-no-Mioyagami[68], no xintoísmo japonês,
A entidade que nem é conhecida pelo xintoísmo,
Mas que está ainda mais acima
De Ame-no-Minakanushi-no-Kami, seu deus central;
Todos eles são a mesma e única Entidade.

---

67 Uma das consciências principais de El Cantare, o Supremo Deus do Grupo Espiritual Terrestre. Elohim desceu numa região próxima ao atual Oriente Médio há cerca de 150 milhões de anos, quando começava a se formar na Terra o mundo espiritual inferior, que deu origem ao Inferno. Ele pregou ensinamentos que mostram o que é a sabedoria, baseados na diferença entre luz e trevas ou entre bem e mal. Ver *As Leis da Fé* (São Paulo: IRH Press do Brasil, 2018). (N. do A.)

68 Deus xintoísta primordial que aparece numa literatura da antiguidade chamada *Hotsuma Tsutae*, mais antiga ainda que o *Kojiki* ("Registros de Assuntos Antigos") e o *Nihon Shoki* ("Crônicas do Japão"), os dois livros mais antigos sobre a história japonesa. Na Happy Science, considera-se que o Pai Celestial, assim chamado por Jesus, e Ame-no-Mioyagami são a mesma entidade espiritual. Ver *Ame-no-Mioyagami no kōrin* ("O advento de Ame-no-Mioyagami", Tóquio: IRH Press, 2019). (N. do T.)

*De fato, cada religião tem os próprios pensamentos
Devido às diferentes características de seu povo
Ou de sua cultura.
Contudo, a origem é única.
Todos nós somos amigos
Passando por um aprimoramento da alma
Treinando juntos aqui no mundo terreno,
Lapidando nossa alma de diversas maneiras.*

*Para que as pessoas possam transpor
A barreira entre as etnias
Eu criei o mecanismo do ciclo reencarnatório.
Um japonês nesta vida pode não ter sido japonês
Na vida passada.
Em vez disso, pode ter sido um europeu,
Um chinês ou um coreano.
O contrário também pode ocorrer, é claro.
Ao passar por essas experiências da alma,
Até mesmo trocando de sexo,
Ao longo de inúmeras encarnações,
O ser humano procura
Aumentar sua capacidade de compreensão.
Eu nasci agora no país chamado Japão
Para pregar as Leis definitivas, as Leis completas.
Eu irei revelar
Tudo o que estiver dentro da minha compreensão.*

*Agora, digo a todos: a humanidade deve conhecer
As palavras do verdadeiro Deus,
Superar suas diferenças, harmonizar-se,
Cooperar, evoluir e se desenvolver.
Essas são as palavras de El Cantare, o Deus da Terra.
Jamais se esqueçam disso.
Gravem-nas no seu coração.*

*A humanidade é uma só.
De agora em diante, creiam na Existência Divina
Que supera os conflitos terrenos.
E, regidos por Ele,
Escolham dar continuidade ao mundo que preza
Pela liberdade e pela democracia.*

*O que a Coreia do Norte precisa é de fé.
O que a China precisa também é de fé.
O que a Índia precisa é de um Deus
Que esteja acima dos diversos deuses.
O que as nações islâmicas precisam
É conhecer quem é Alá.
Eu amo a humanidade e a aceito,
Transcendendo suas diferenças.
Por favor, aprendam o que é o amor
Por meio do ato de crer.
Essa é a minha mensagem.*

Capítulo Cinco

O desejo do Salvador

Como despertar para a atitude de viver em prol do mundo

1
A consciência de que o seu verdadeiro "eu" é a alma

Este mundo oculta a maior parte da *verdade*

Este capítulo aborda um tema difícil; por isso, precisamos organizar nossos pensamentos. Para começar, eu gostaria de voltar ao ponto de partida: "Afinal, o que é um Salvador?". Para responder a essa pergunta devemos fazer uma revisão sobre a natureza deste mundo.

O mundo terreno é um local extremamente desafiador para um Salvador – e outros seres das altas dimensões, como o batalhão de anjos sob seu comando – descer e nascer num corpo físico, pois neste mundo "a maior parte da verdade existencial é ocultada". Assim, a maioria dos seres humanos "não sabe o que é verdadeiro". Por exemplo, as pessoas podem achar que conhecem a si mesmas muito bem, mas quantas delas realmente têm consciência de que possuem uma alma dentro de si, e que esta, sim, é que deve dominar o corpo? Creio que um número ínfimo.

Claro, dentre os indivíduos que têm uma crença religiosa, alguns devem ter esse conhecimento sobre a alma. Porém, será que eles têm mesmo consciência, enquanto estão levando sua vida física no cotidiano, de que sua verdadeira identidade é a alma, que está residindo em um corpo físico? Quantos despertaram para o fato de que, durante a vida, a alma se aloja no corpo a fim de usá-lo para adquirir experiências e realizar um trabalho no mundo terreno? Podemos afirmar que são pouquíssimos.

Uma das pessoas com um discernimento nesse nível, por exemplo, foi Sócrates[69], que viveu na Antiguidade. Para ele, provavelmente esses eram conceitos básicos. Por isso ele não teve medo de encarar a morte quando ingeriu cicuta. Sabendo que sua alma era imortal, seu pensamento se concentrou nas realizações que ele poderia deixar como legado às gerações futuras. De vez em quando, surgem pessoas nobres como ele, mas são raras.

Jesus Cristo é outro exemplo. Quando se trata da descrição de sua morte, as opiniões divergem segundo cada Evangelho. Se, quando foi crucificado,

---

69 Filósofo da Grécia Antiga, considerado o fundador da filosofia. Recebeu a revelação do Oráculo de Delfos e, mais tarde, foi derrotando os sofistas nos debates. Ensinou que virtude é conhecimento e, por meio da dialética, tratou sobre a essência do conhecimento. Foi condenado à morte, acusado de corromper os jovens. (N. do A.)

Jesus realmente disse: "Meu Deus, meu Deus, por que me abandonastes?" (Marcos 15:34), poderíamos interpretar que este infelizmente era um Jesus que pertencia à terra e ao corpo, e que achava que sua vida se limitava à sobrevivência na superfície terrestre. Mas a Happy Science revelou que essa não é a realidade: no alto da cruz, ao perceber que sua morte estava chegando, Jesus chamou: "Elias, Elias, Rafael, Rafael, venham me buscar".

Entretanto, alguns Evangelhos relatam que as palavras de Jesus daquela cena foram: "Meu Deus, Meu Deus, por que me abandonastes?", e há pessoas que de fato creem nisso. É uma pena. Esses Evangelhos foram escritos com base no ponto de vista de quem pensa: "Eu diria desta forma". Se Jesus tivesse dito aquilo mesmo, significaria que ele não tinha consciência de ser um Salvador. E, se a Bíblia mantém essa descrição até hoje, isso revela o nível limitado de fé da Igreja, que veio preservando a frase.

Quando entrou em Jerusalém, Jesus tinha consciência de que sua partida estava chegando; mesmo assim ele caminhou de bom grado rumo à crucificação para cumprir as profecias que estavam descritas no Antigo Testamento (livros de Isaías e de Zacarias), feitas um milênio antes. Poderíamos entender a profecia do seguinte modo: o messias iria nascer, mais tarde entraria em Jerusalém montado num jumento enquanto a multidão gritava "Hosana! Hosana!" (Salve-nos!); o filho do homem seria então crucificado e por fim subiria aos Céus. Jesus agiu de acordo com o previsto na profecia para torná-la realidade. Ele escolheu esse caminho pois não só acreditava na profecia, como também pelo fato de o Mundo Celestial ter lhe dito o que deveria fazer.

Contudo, muitos de seus discípulos, que estavam apegados às coisas mundanas, tentaram fugir. Eles imploraram a Jesus que escapasse em vez de ficar, ser pego e crucificado. O apóstolo Pedro negou conhecer Jesus por três vezes quando foi acusado de ser um de seus seguidores; no entanto, esse homem, que havia abandonado Jesus dessa maneira, mais tarde se tornaria o primeiro papa (Pedro). Havia uma enorme diferença de consciência entre mestre e discípulos. Com tamanha discrepância, é natural que, quando os discípulos elaboraram os evangelhos, muitos trechos deixaram dúvidas ou deram margem a más interpretações.

2
A fé para se tornar uno com Deus ou Buda

O verdadeiro significado do ensinamento de Shinran[70]

O monge Shinran, fundador da Verdadeira Escola da Terra Pura, pregou que "mesmo os perversos serão salvos". Muitos de seus discípulos devem ter entendido essa frase erroneamente. Na verdade, Shinran não foi o primeiro a dizê-la. Essas foram palavras de seu mestre, Hōnen[71]. Shinran tinha plena consciência de ser um pecador, pois não conseguiu se aprimorar o suficiente como monge, violando alguns preceitos em

---

70 Shinran (1173-1262) fundou a escola budista Jōdo Shinshū (Verdadeira Escola da Terra Pura). Pregou que o mantra "Namu Amida Butsu" (Tomo refúgio no Buda Amitabha), que demonstra a verdadeira devoção a Buda Amitabha, é o verdadeiro ensinamento. Sua frase famosa é: "Se mesmo os virtuosos conseguem nascer na Terra Pura, muito mais conseguem os perversos", que consta na obra de seu discípulo Yuien chamada *Tannishō* ("Lamentações das Divergências"), que registra os ensinamentos do mestre. (N. do A.)

71 Hōnen (1133-1212) fundou a escola budista Jōdo-shū (Escola da Terra Pura) no Japão. Pregou a salvação da Força Externa por meio do *nembutsu* (prática de clamar por Buda a fim de o recordar; sua forma mais comum no Japão é a recitação do mantra "Namu Amida Butsu"). (N. do T.)

termos deste mundo. Era isso também que ele chamava de "perverso".

Já Hōnen, que foi o primeiro a dizer a frase, era puro e nunca desobedeceu aos preceitos. Estudava a doutrina e viveu com disciplina e respeito até depois dos 70 anos. Foi esse homem que disse: "Os perversos, sim, serão salvos". Hoje pensa-se que Shinran foi o autor da frase, e que seu discípulo, Yuien (1222-1289) fez as anotações. Dependendo da interpretação, essas palavras podem provocar grandes mal-entendidos, pois, para quem conhece o verdadeiro "grande poder de salvação" do Buda Amitabha[72] e consegue ser uno com Sua luz, o mundo é repleto de oportunidades de salvação. Mas quem não crê nesse poder só enxerga este mundo como trevas.

Seja como for, Shinran explicava: "A Luz do Buda Amitabha chega a este mundo. Olhe para esta luz e busque a salvação. Assim, você pode se tornar uno com o Buda Amitabha". Pouquíssimos conseguem compreender isso, ou seja, que ao levar a fé ao extremo ela se torna sinônimo de salvação. À medida que o tempo passou, alguns chegaram até a interpretar esse conceito como a ideia simplista que diz: "Cometer perversidades é o caminho da salvação".

---

[72] Divindade de adoração na Jōdo-shū e na Jōdo Shinshū, o Buda Amitabha representa amor, misericórdia e fé. (N. do T.)

Apesar de Shinran ser um monge, ele violou os preceitos budistas e levava uma vida "meio secular, meio sagrada". Então, refletiu, arrependeu-se profundamente e disse algo como: "Se eu tivesse a chance de ser salvo por meio de um aprimoramento ascético em outras escolas budistas, poderia escolher esse caminho. Mas sei que estou longe de ser salvo desta forma, por isso, quero apelar para os ensinamentos do venerável Buda Amitabha e segui-los, mesmo que, porventura, Hōnen esteja me enganando, e mesmo que a doutrina me leve ao Inferno. Estou preparado para isso". Assim, o que ele quis mais enfatizar era a profundidade de sua fé.

Shinran rompeu relações com seu primogênito por ter distorcido seus ensinamentos

Naquela época, os meios de transporte e de comunicação eram péssimos; porém, para ampliar a divulgação de seus ensinamentos no leste do Japão, Shinran enviou seu primogênito Zenran (1217-1286) para lá a fim de realizar o trabalho missionário. Mas, em vez de dar explicações completas sobre os ensinamentos de Shinran, ele os distorcia parta atrair mais fiéis dizendo que, quanto mais a pessoa cometesse maldades, mas rápida seria sua salvação. Shinran ficou sabendo disso na fase final de sua vida e chegou a cortar os laços com o filho. Ora, não foi o próprio Shinran que dizia "Os perversos, sim, serão salvos"? Pois ele rompeu as relações com Zenran justamente porque o filho distorceu o ensinamento original.

Em um contexto moderno, a essência desse ensinamento pode ser explicada deste modo: "Se várias pessoas em condições críticas fossem trazidas de ambulância ao pronto-socorro, todas ao mesmo tempo, os médicos iriam naturalmente atender primeiro os pacientes em estado mais grave, à beira da morte. Os que estivessem visivelmente em melhores condições poderiam ser tratados depois. Buda provavelmente pensaria da mesma forma".

Mas, se o ensinamento fosse levado ao extremo, iria acabar se transformando na seguinte ideia: "quanto mais uma pessoa comete crimes, mais ela será salva". Ou seja, será mais salvo aquele que matar três do que um, aquele que matar dez do que três. É evidente que a lógica foi comprometida.

Qual foi o erro? Como próprio Shinran diria: "É óbvio que não se deve pregar ensinamentos que incentivem as pessoas a tomar veneno só porque existe um ótimo antídoto". Ele tem razão, sobretudo se pensarmos nas crianças. Apesar disso, as pessoas podem não entender as "diferenças sutis" na hora de interpretar. Essa é a parte complicada da *salvação* neste mundo.

3
Os esforços que se exigem de um Salvador

Por que até o salvador precisa ser humilde

No âmbito da fé, precisamos dar um grande salto a partir do mundo terreno, onde vivemos, em direção ao Mundo Celestial, que está bem além, para nos tornarmos unos com Buda ou Deus. Pelos exemplos que dei, creio que tenha ficado fácil de entender que o ser humano tende a explicar a existência de Deus rebaixando-O para este mundo, como se Ele fosse humano.

Aliás, quando se trata de salvação, o foco deve estar basicamente em salvar as almas neste mundo. Há Salvadores que tentam salvar o seu povo; porém, dentre eles alguns foram deuses étnicos, e deuses étnicos podem entrar em guerra. Parte dos conflitos provavelmente tem essa natureza. Dependendo dos tempos, a humanidade pode ser atingida por diversas provações como essas. Seja como for, é preciso avaliar o que foi correto nessas ocasiões, indo além da questão da vida ou morte em termos deste mundo, mesmo porque a principal intenção dos salvadores deve ser sempre estabelecer na Terra o que é considerado correto no Mundo Real. Não devemos nos esquecer disso.

Para que um indivíduo se torne um Salvador neste mundo, ele deve ter *consciência, força, coragem, atitude*, assim como *palavras de ensinamento* compatíveis com o nível de Salvador. Essa pessoa teria inevitavelmente um grande poder de influência e forças parecidas com as autoritárias em termos deste mundo. Por isso, é extremamente difícil saber quais são as características que distinguem um Salvador de um demônio que tenta dominar a Terra. Muitas questões só podem ser compreendidas depois que o tempo passa.

Nessas horas, sobre o que devemos refletir com humildade? O importante é conscientizar-se de que "mesmo os Arcanjos de grande luz ou os grandes espíritos guias, uma vez que entram num corpo físico não podem mais conhecer plenamente o Mundo Real e que, por mais elevado que sejam, só conseguem mostrar uma parte do outro mundo e transmitir pequenos trechos da Verdade".

Os salvadores precisam estar cientes também de que estão sujeitos aos limites de determinada época. De fato, eles podem receber grande influência do estilo de vida de seus contemporâneos. Por isso, até um Salvador precisa ser humilde neste mundo. Uma vez que sua alma entra no receptáculo chamado "corpo humano", ele precisa se conscientizar de que é filho da Luz esforçando-se, praticando aprimoramentos ascéticos e almejando se dedicar ao caminho espiritual.

Aprimoramentos espirituais para que o seu "esforço em prol do sucesso" não seja "egoísta"

O primeiro desafio que o Salvador deve encarar é que seu esforço para ser alguém proeminente neste mundo terreno tenderá a se tornar egoísta sem que ele perceba, no final da adolescência. Em alguma medida, espera-se que todas as pessoas, ao nascerem como seres humanos com uma personalidade individual, busquem a autorrealização. Por outro lado, nós nascemos e crescemos em diferentes tipos de ambientes, com um corpo e aptidões que herdamos de nossos pais, num país e local específicos, e encontrando uma ocupação. De acordo com essas condições, cada um tem um *aprimoramento espiritual* ao qual precisa se submeter para poder despertar. Embora esse *treinamento para o despertar* possa parecer um esforço para a autorrealização, seu objetivo não é nos proporcionar uma vida mais confortável neste mundo.

Ser uma pessoa desperta significa ter uma profunda consciência de que "você é a própria luz que deve iluminar o mundo" e de que "tem a missão de salvar aqueles que estão agonizando nas trevas". Ao mesmo tempo, significa que "tem o dever de lapidar suas habilidades e fazer delas a sua força para realizar mais trabalhos".

Portanto, mesmo que um indivíduo esteja em posição de liderança devido ao nascimento, à sua linhagem ou por ter um status privilegiado, não poderá ser considerado um verdadeiro Salvador se não tiver virtude, for odiado pelos demais e não receber amor verdadeiro dos outros.

O que é considerado *amor* neste mundo pode facilmente ser confundido, e com certeza inclui o "amor que só busca se apossar de algo dos outros". Entretanto, existem outros tipos de amor, e o "amor de Deus ou Buda" no final leva à "misericórdia"; não é o amor recíproco entre semelhantes, mas o amor que apenas se dá. O indivíduo precisa incorporar essa misericórdia de algum modo. Ela deve se manifestar como diferentes tipos de *virtude*. Devemos ter consciência disso.

O desafio de guiar as 8 bilhões de pessoas no mundo

Hoje, há um grande número de pessoas vivendo neste mundo. Isso significa que existem muitos estilos de vida diferentes e muitas maneiras de pensar distintas. Para poder salvar a alma desse enorme grupo diversificado, um grande líder precisa ter *capacidade de compreender* todas elas. Não é possível lidar com todos os desafios durante esta encarnação apenas com base nas realizações das vidas passadas nos últimos milênios. A população atual da Terra chega quase a 8 bilhões, um número de pessoas sem precedentes. E, para guiar toda essa população, um grande líder precisará obviamente estudar vários assuntos da era moderna.

Aqueles seres que são considerados Salvadores, *tathagatas*[73], Arcanjos ou Anjos com frequência surgem neste mundo como gênios em diversos campos. Um gênio costuma ser definido como alguém que "aprende sem que ninguém lhe ensine", que "possui habilidades inatas", que "aprende mais rápido que os outros" ou que "possui um talento oculto, mas que logo floresce". É isso que um gênio aparenta ser, se não levarmos em conta o processo. Porém, num mundo com uma população enorme, se um indivíduo tem

---

[73] O Mundo Celestial tem uma estrutura multidimensional. Na Terra, abaixo da Nona Dimensão (o Reino Cósmico) existem: a Oitava Dimensão (o Reino dos *Tathagatas*); a Sétima Dimensão (o Reino dos *Bodhisattvas*); a Sexta Dimensão (o Reino da Luz); a Quinta Dimensão (o Reino do dos Bondosos); a Quarta Dimensão (o Reino Astral) e a Terceira Dimensão (o mundo terreno). Os *tathagatas*, da Oitava Dimensão, são mestres da humanidade que foram fundadores de religiões e precursores de filosofias. (N. do A.)

a missão de exercer uma grande influência e mostrar uma direção às pessoas, ele precisa se esforçar ao extremo e continuamente, estudando as múltiplas questões deste mundo e procurando soluções.

Na sociedade moderna, não se consegue salvar somente com base na sensibilidade espiritual. Os grandes líderes precisam se esforçar para dar receitas que possam solucionar os inúmeros problemas deste mundo e compreender o coração das pessoas. Esses esforços não podem ser uma mera encenação, mas devem proporcionar algo que realmente penetre no coração das pessoas.

As antigas religiões esqueceram a "essência" estando neste mundo

Ocasionalmente, surgem artistas capazes de influenciar muitas pessoas. Não há problema quando eles transmitem o amor verdadeiro, tiram as pessoas das dificuldades e mostram a elas o caminho para a felicidade. No entanto, às vezes alguns entram na moda, ganham popularidade, tornam-se famosos ou são prestigiados em termos deste mundo com um trabalho prejudicial ao mundo. A atmosfera mundana é assim; pode fluir para a direção errada.

Nesses momentos, o importante é se lembrar da "essência". Comentei anteriormente que o ser humano tende a esquecer que é uma alma habitando um corpo físico, mas isso não é tudo. A grande maioria nem mesmo compreende a simples verdade de que as almas humanas pertencem ao mundo espiritual, e que nascem aqui como bebês para crescerem e envelhecerem. Nem sabem o que acontece depois da morte.

A corrente principal do cristianismo nega a ideia da reencarnação. No budismo, há aqueles que tendem a interpretar erroneamente esse ensinamento, de forma materialista. Nas universidades budistas japonesas, há professores que ensinam que tudo acaba com a morte e que, depois de morrer, o ser humano vira cinzas e desaparece. Para eles, não faz diferença se essas cinzas são espalhadas no mar ou enterradas aos pés de uma árvore, e acham que os serviços fúnebres para o falecido não têm sentido. É uma lástima estudar o budismo para chegar a essas conclusões.

Também há budistas que acreditam que o Buda Shakyamuni fez o aprimoramento e alcançou a iluminação há 2.500 anos; por isso, entrou no Nirvana, no Mundo Celestial, como se a alma desaparecesse. Então, não voltaria mais para este mundo nem manteria nenhum vínculo com ele. Sinto que essa crença é baseada na ideia de que "a iluminação leva uma pessoa a acreditar que só ela está correta, sem ter nenhuma relação com o ato de salvar pessoas". Porém, a verdade é que, quando uma alma volta à sua moradia original no mundo dos espíritos elevados, ela irá trabalhar continuamente para salvar aqueles que estiverem perdidos. Essa é a verdadeira intenção.

Isso mostra que, quanto mais o tempo passa, mais as doutrinas religiosas criadas pelos humanos são profundamente influenciadas pela mente e pelos pensamentos humanos.

Se você não estiver em sintonia com o céu, a virtude se perderá

No Japão, tivemos a crença do deus personificado na figura do imperador a partir da Restauração Meiji (1868), mas essa crença já existia no país desde tempos remotos.

Eu suponho que várias nações também já tiveram uma ideia semelhante no passado, considerando que "o rei, uma figura deste mundo, desempenhava a função de deus".

Com certeza, é verdade que uma grande alma às vezes habita o corpo de alguém em posição de autoridade, mas, mesmo assim, acredito que ela deva ser humilde, ter um grande autocontrole e estar repleta de afeto às pessoas.

No Japão, estamos saindo da Era Heisei e entrando na Era Reiwa[74]. Estão ocorrendo várias discussões em torno dessa transição. Provavelmente, muitos cidadãos estejam simplesmente celebrando a continuidade da Casa Imperial do Japão. Mas, pensando nas atuais circunstâncias, estamos numa época em que a Corte passa por sérios apuros. Sinto que o imperador não sabe mais o significado da própria função. Nem os políticos, nem o parlamento, nem o povo, todos agraciados pela figura do imperador, entende muito bem.

O imperador passa a impressão de que é o reflexo de um antigo monarca absoluto e, ao mesmo tempo, apenas uma miragem, pois sua função foi transformada em mero símbolo, sem poderes efetivos. Parece que apenas os políticos eleitos pela população é que possuem todos os poderes reais. Por isso, sinto que a base da família imperial está bem frágil e insegura.

Se a Casa Imperial começar a perder sua virtude no futuro, talvez perca o apoio do povo e haverá uma grande chance de surgir um ditador. Ela precisa ter consciência de que descende de uma longa linhagem

---

[74] Além do calendário gregoriano, o Japão costuma usar o sistema de eras ou períodos para se referir a determinado ano. A delimitação de cada era baseia-se no período de reinado dos imperadores. Com a posse de Naruhito, o novo imperador, em 1º de maio de 2019, o Japão encerrou a Era Heisei e iniciou a Era Reiwa: 2019 foi o ano 31 da Era Heisei e se tornou o ano 1 da Era Reiwa. (N. do T.)

de antigos deuses japoneses e que deve realizar as cerimônias religiosas em veneração a eles. Ela deve também ser capaz de desejar no íntimo a paz e a ordem da nação, caso contrário, não saberá nem conseguirá explicar a razão de sua existência.

A tendência atual parece semelhante ao desdobramento de eventos logo após a Segunda Guerra Mundial, quando o imperador se declarou humano. Percebo que há agora na Casa Imperial mais membros que querem ser humanos típicos, que desfrutam a liberdade e os prazeres das pessoas comuns. Se isso ocorreu devido à deterioração das almas que estão habitando os corpos físicos dos membros da família imperial, a Corte enfrentará situações dificílimas.

Eu gostaria que a Casa Imperial se empenhasse mais em ter um senso de missão espiritual mais profundo, fortalecesse suas virtudes e, além disso, que se colocasse acima da política, que é o palco de muitas convergências e divergências baseadas em interesses políticos. Se ela continuar sendo apenas fonte de fofocas de revistas, seu futuro não poderá ser garantido.

Independentemente de como a Casa Imperial esteja definida na Constituição, ela deve pensar no povo da mesma forma que Deus ou Buda pensaria.

Essa é a minha mensagem para eles agora.

4
A religião de que o mundo precisa

Quando o desejo de autorrealização se torna presa dos demônios

A religião chamada Happy Science vem se destacando no Japão, apesar das circunstâncias que acabei de mencionar. A missão de nossa organização não se restringe a proteger ou fazer prosperar apenas o país como nação. Embora seu berço seja o Japão, nosso trabalho é ensinar a vontade de Deus, a Origem, para que as diferenças entre as diversas raças e religiões, que se separaram e se dispersaram para várias partes do mundo, não se tornem sementes da discórdia. A Happy Science está tentando pregar ensinamentos capazes de conduzir e governar toda a Terra.

Tenho certeza de que surgirão muitas dificuldades para impedir o nosso avanço, e não sei até que ponto poderemos cumprir a nossa missão. Mas devemos saber que este mundo carrega uma mistura do bem e do mal, e que aqueles que tiverem desejos egoístas sempre estarão recebendo convites do império dos demônios, isto é, o Inferno criado pelos demônios. Não há problema se seu desejo de alcançar suas metas cresce em prol de um objetivo sagrado. Mas saiba que, se sua autorrealização se restringe a este mundo e visa apenas obter benefícios para si, então esse desejo se torna presa dos demônios.

Mesmo entre as pessoas altamente talentosas, é provável que muitas delas estejam recebendo "convites dos demônios". Quando uma religião autêntica tenta despertá-las, com frequência podem acabar sendo seduzidas pelo mal a certa altura do caminho, pois, ao aceitar o convite dos demônios, provavelmente irão obter luxo, fama ou riqueza neste mundo.

Distinguir o bem do mal e levar as pessoas para o caminho certo

É difícil se controlar quando se tem poder. É igualmente muito difícil controlar um poder sobrenatural de um modo racional e sensato. Também é complicado ter poder político ou financeiro e saber aplicá-los em boas direções. Basta imaginar uma empresa: para a pessoa que está numa posição hierárquica mais alta é um desafio saber que ela exerce uma grande influência na vida de muitos funcionários que trabalham ali.

Enquanto enfrentamos as dificuldades de liderar os outros, devemos saber que este é um mundo temporário, onde estamos sempre em aprimoramento para retornar ao Mundo Real. Essa é uma realidade da qual ninguém – nem o Salvador, nem os que fizeram um pacto com o demônio – pode fugir.

No processo de se tornar um líder, haverá batalhas, inclusive entre a luz e as trevas. O que discerne "a luz das trevas" e "o bem do mal" para os contemporâneos é o *poder do Salvador*, e esse é também o *desejo do Salvador*. Ele indica às pessoas o rumo que devem realmente seguir, orienta a vida delas, impedindo-as de cometer o mal e incentivando-as a escolherem o bem, e abre caminhos para o outro mundo; esse é o *trabalho do Salvador*. Quando aplicadas à política, essas ações também são importantes: "construir um muro de contenção para impedir a criação do Inferno neste mundo".

5
Leve uma vida plena como instrumento de Deus ou Buda

Tudo é para Deus

O poder que uma pessoa adquire neste mundo, sua "vontade de vencer" que nasce do espírito competitivo ou a gana por fama e vários outros desejos: há diversos elementos como esses que podem corromper indivíduos talentosos.

Portanto, não importa o quanto sua posição possa mudar no futuro, para proteger o que precisa ser protegido em qualquer situação e estar genuinamente a serviço de Deus, é essencial saber que tudo é para Deus.

É lógico, neste mundo até mesmo os Salvadores não passam de "braços e pernas de Deus". Eles nascem dessa forma para cumprir o Seu objetivo. Mas, depois de retornarem ao outro mundo, sem dúvida despertam para sua verdadeira consciência.

As palavras de Deus são tudo

Vivemos agora um período bem difícil, quando o mundo enfrenta tantos problemas e sustenta uma população enorme; então, precisamos fazer um esforço tremendo para impedir a criação de um inferno real na superfície terrestre. Ao mesmo tempo, também é verdade que entramos numa era extremamente difícil para ensinar a tanta gente o que é "o Céu e o Inferno" e como é "o mundo ideal que Deus deseja criar".

Crer no materialismo não interfere na evolução da civilização das máquinas. Aliás, talvez seja até mais vantajoso, pois, para quem vive só no mundo material, bastaria que este mundo fosse um lugar melhor e mais confortável para viver; assim, quanto mais praticidade, melhor. Contudo, um mundo como esse poderia gerar mais pessoas que não teriam sentimento de culpa, mesmo quando cometessem um assassinato. A questão do bem e do mal poderia ser abordada de forma diferente daquela que comentei: tudo, inclusive o bem e o mal, poderia ser definido por inteligência artificial, e talvez surgisse uma época na qual as pessoas seriam massacradas, se a IA assim determinasse.

No entanto, seja qual for o tipo de época que chegue, e mesmo que as máquinas passem a fazer cálculos muito mais rápido que os humanos e armazenem muito mais informações, a IA jamais vencerá a Sapiência de Deus.

É essencial saber que, no final, "as palavras de Deus são tudo".

Viva sua vida pelo bem dos outros e do mundo

Estamos atravessando tempos difíceis, e há muitos pontos importantes a ensinar. As pessoas têm várias tarefas a cumprir e, à medida que trabalham em suas profissões específicas, algumas podem ficar iludidas pelo desejo de obter fama ou poder, e se fechar em casulos de autopreservação. Nunca haverá fim para o surgimento desse tipo de pessoa.

Portanto, por favor, purifique e limpe seu coração; retorne sempre às origens e tenha consciência de que você deve "viver pelo bem dos outros e do mundo". Essa é justamente a finalidade da vida de um século que você recebeu. Isso é importante. E, para manter essa atitude, é essencial que você esteja sempre desperto para os aspectos espirituais.

Se você se esquecer da espiritualidade, não terá futuro. Este mundo não é tudo, nem a formação acadêmica, nem qualquer poder mundano, nem a empresa para qual a pessoa trabalha, nem os bens materiais. A beleza física também não é relevante.

O que realmente importa é o quão profundamente você está conectado a Deus ou Buda e uno com Ele. O essencial é viver esta vida plenamente, como um instrumento de Deus ou Buda.

Um Salvador nasce neste mundo para cumprir esse objetivo. E, se você percebeu o Seu chamado geral, junte-se a Ele e somem forças. Se for deixado como está, este mundo terreno se tornará mais favorável para os demônios ganharem poder. A população aumentou, e também cresceu o número de pessoas que acham que este mundo é tudo o que existe.

Agora é o momento em que precisamos ter uma força ainda muito maior. É preciso que muitas pessoas despertem. Aqueles que são espiritualizados devem viver de forma a não errar no uso do seu poder.

Neste capítulo, abordei o tema "O desejo do Salvador". Desejo de coração que avancemos com disciplina rigorosa, cientes das dificuldades da era moderna.

Palavras que vão transformar a vida 5

Se quiser proteger, abandone

Para entrar no mundo dos Anjos de Luz
Também é fundamental "abandonar",
Não somente "proteger".
É crucial abandonar o que não for realmente importante.
Aqueles que não forem capazes disso
Não conseguirão entrar no reino dos anjos.

O que você precisa abandonar
São os apegos deste mundo material.
São muitas as coisas que parecem "essenciais"
Do ponto de vista do mundo terreno,
Mas, quando se pensa na vida após a morte,
Percebe-se que elas devem ser deixadas para trás.

Eu venho ensinando que, quando você morrer,
A única coisa que poderá levar para o outro mundo
É o seu coração.
Seu coração, porém, pode ser virtuoso ou perverso,
O que definirá se você vai para o Céu ou para o Inferno.
Portanto, o coração ainda não é o elemento definitivo.
Avançando mais um passo no ensinamento,
Digo que o que é necessário é a "correta fé".
O verdadeiro ensinamento é:

"Retorne ao outro mundo com uma fé correta".
O coração por si só não basta;
É necessário também ter a correta fé.
Tendo a correta fé, você não precisa de mais nada.
Todo o resto está fadado a desaparecer deste mundo.
São coisas que não se pode levar para o outro mundo;
Portanto, uma hora você vai ter de abandoná-las.

Assim, existe a ideia de "proteger",
Mas há também a ideia de "abandonar".
Nos últimos tempos, tenho usado muito a expressão
"Dar a vida pela Verdade".
O que quero dizer com isso é que pretendo abandonar
Tudo o que não for a verdade e que não seja importante.
Dar a vida pela Verdade significa
Que eu abandonaria até mesmo a vida neste mundo.
É com esse espírito que estou fazendo meu trabalho.

Nossa vida neste mundo não é tão longa, de maneira que
O importante é lançar o maior número possível
De sementes da Verdade, pelo bem daqueles que viverão
Daqui a centenas ou até milhares de anos.
Meu trabalho não é somente levar felicidade
Às pessoas que estão vivendo hoje.
Mesmo que não germinem logo, devo continuar
Disseminando as sementes da Verdade
Pela felicidade das gerações futuras,

Que viverão daqui a séculos e milênios.

As sementes um dia perderão sua vida,
Mas em seu lugar surgirão frutos
Que serão milhares de vezes maiores e melhores.
Isso talvez só ocorra num futuro distante,
Mas é o alcance daquilo que meus olhos veem.

Todos os membros da Happy Science
São o solo para essas sementes que salvarão
Um grande número de pessoas no futuro.
Mesmo que eu tenha as sementes,
Elas não brotarão se não houver solo.
Desejo que todos sejam o "solo fértil".
Desse modo, o conceito de "proteger" é importante,
Mas o de "abandonar" também é.
E o curioso é que "proteger" e "abandonar"
Podem se tornar a mesma coisa.

No estilo da dialética zen, poderíamos dizer:
"Se quiser proteger, abandone".
Abandonar
É mais importante do que você possa imaginar.
Pergunte a si mesmo: "O que posso jogar fora?
E depois, o que me sobrará?".
Eu também estou trabalhando com esse espírito.

Capítulo Seis

O poder que opera milagres

Desbrave seu futuro com um coração transparente, a prática do amor e a oração

1
O poder de trazer o futuro para o presente

Minha primeira meta: dar 3.000 palestras e publicar 2.500 livros

A palestra na qual se baseou este capítulo foi dada no final de 2018. Foi a 151ª do ano e a 2.848ª no total. Minha primeira meta era dar 3 mil palestras, então achei que deveria me esforçar para alcançar essa marca em 2019[75]. Quanto aos livros, minha meta era publicar 2.500 títulos[76]. Senti que estava próximo de cumprir minhas primeiras metas.

Quando comecei a Happy Science, já existia no Japão um grande e experiente grupo religioso, a Seicho-no-Ie. Seu fundador, Masaharu Taniguchi, deu cerca de 3 mil palestras durante o período de 55 anos, desde que fundou o grupo religioso até sua morte, aos 91 anos. Baseei-me nesse ritmo para

---

[75] Marca alcançada em setembro de 2019.
[76] Meta alcançada em janeiro de 2019. Em dezembro de 2019, Okawa alcançou a marca de 2.600 títulos com a publicação de *As Leis de Aço* em japonês.

definir a primeira meta de 3 mil palestras, mas creio que vou cumpri-la em 33 anos.

Não quero dizer que estou fazendo melhor do que Taniguchi; aqui não se trata da qualidade de cada palestra. Eu apenas continuei me esforçando para obter algum progresso, usando todas as oportunidades disponíveis. Em determinadas ocasiões, enfrentei dificuldades sem saber se conseguiria superá-las, mas, quando conseguia, ficava muito feliz.

Muitos óvnis avistados depois da minha palestra "A abertura da era espacial"

No verão[77] de 2018, realizei uma palestra falando sobre a era espacial[78]. A convite da nossa Divisão de Relações Públicas, tivemos a presença de mais de cem profissionais da grande mídia no auditório daquela palestra, o Makuhari Messe.

Fiquei agradecido com a vinda deles, mas a enorme discrepância entre a perspectiva dos nossos fiéis dedicados, que vêm atuando há muito tempo, e a das pessoas de fora da nossa organização dificultou o desenvolvimento do assunto e fiquei hesitante,

---

77 As estações do ano são referentes ao hemisfério norte. (N. do T.)
78 Em 4 de julho de 2018, dei a palestra "Uchū jidai no makuake" ("A abertura da era espacial") no centro de convenções Makuhari Messe, reproduzida no Capítulo 4 do livro *As Leis de Bronze* (São Paulo: IRH Press do Brasil, 2019). (N. do A.)

pois pensei que era cedo demais para abordar aquele tema no Japão.

Entretanto, depois que realizei a palestra "A abertura da era espacial", de repente nós pudemos fazer diversos registros de óvnis em fotos e vídeos. Descobrirmos que eles haviam aparecido para ajudar a Happy Science a promover suas atividades.

No outono daquele mesmo ano, estreamos no Japão nosso desenho animado *As Leis do Universo – Parte I*, que alcançou um sucesso comparável ao de outro filme que havíamos lançado quinze anos antes[79]. O filme teve um bom desempenho nos Estados Unidos; por isso, eu tinha grandes expectativas para ele.

Perceber o futuro como se acontecesse no presente

Durante 2018, eu planejei nossos próximos filmes até 2025. Esse é o meu modo de trabalhar. Preciso deixar tudo planejado com vários anos de antecedência para garantir a viabilidade do empreendimento.

Os filmes também me deram a oportunidade de compor muitas músicas. Apresentei duas delas[80] na

---

79 *As Leis Douradas*, produção executiva de Ryuho Okawa, 2003.
80 Na pré-programação, a atriz Yoshiko Sengen interpretou a música *Momento*

programação de boas-vindas antes da palestra que deu origem a este capítulo. Minha intenção inicial com os vídeos de músicas era entreter o público, mas nunca imaginei que eu viria a produzir tantas músicas para os filmes. A quantidade aumentou tanto a ponto de eu ficar preocupado que as pessoas talvez achassem que a produção musical era minha atividade principal. Até agora lancei cerca de trinta músicas, mas já compus mais de oitenta[81]; então, tenho um repertório para continuar lançando por muito tempo. Eu mesmo fico surpreso com essa quantidade. Porém, como o assunto deste capítulo são os milagres, espero que esse tipo de comentário seja compreendido.

Eu sou capaz de vivenciar o futuro, isto é, sinto o que ocorrerá daqui a um, dois, cinco ou dez anos no futuro, como se estivesse acontecendo agora. Ao pensar no tipo de trabalho que estarei realizando em determinada época no futuro, cenas daquele período se formam na minha mente no presente, como se eu as atraísse. Eu vivo com base nessa perspectiva de vida.

---

dos Sonhos (letra e música de Ryuho Okawa), que aparece no filme *A Última Feiticeira do Amor*, e foi exibido o videoclipe da canção-tema do mesmo filme, *Hold On* (letra e música de Ryuho Okawa, intérprete: Sayaka Okawa).

81 Em janeiro de 2019, o número de músicas produzidas pelo autor alcançou a marca de cem.

2
Trabalho contínuo baseado em milagres

Sem milagres não haveria a fundação da Happy Science nem trinta anos de trabalho missionário

Em relação ao "poder para operar milagres", eu mesmo já vivenciei uma série de milagres; o curioso seria não ocorrer milagres comigo. Para ser sincero, venho trabalhando sempre com base nos milagres. Sem eles, não teria sido possível fundar uma religião nem realizar um trabalho missionário por mais de trinta anos.

Mais de 10 mil pessoas vieram assistir à palestra deste capítulo, realizada no Makuhari Messe. Ela foi transmitida para mais de 3.500 locais em diversas partes do mundo, ao vivo ou não.

No Japão, as religiões costumam dar informações sobre os eventos reduzindo os números; então, algumas pessoas acham que o público que comparece a um evento em particular representa todos os fiéis. Mas a verdade é que a Happy Science tem mais de 30 mil fiéis no Nepal, a terra natal do Buda Shakyamuni; também possuímos ali um grande templo local do tipo Stupa. Na Índia temos centenas de milhares de fiéis. O número global de nossos seguidores vem aumentando tanto que nossa administração não está conseguindo acompanhar nossas operações. Receio que os fiéis do exterior estão tendo de se contentar com um baixo nível de qualidade do nosso serviço. Mas todas essas atividades fora do Japão estão sendo sustentadas graças às sagradas oferendas dos membros japoneses.

Milhões de livros meus são lidos no mundo todo

Recentemente, pude realizar uma palestra na Alemanha[82], voltada para toda a União Europeia.

Em termos de PIB, o Japão é seguido pela Alemanha; porém, ao visitar aquele país e vivenciar o seu ambiente interno, tive certeza do quanto o Japão é uma nação que está bem mais à frente em muitos aspectos. É um pouco triste perceber que os japoneses não têm consciência de que vivem num país tão

---

82 Em 7 de outubro de 2018, realizei a palestra em inglês intitulada "Love for the future" ("Amor para o futuro") e uma sessão de perguntas e respostas no hotel The Ritz-Carlton Berlin. Reproduzida em meu livro *Love for the future* (São Paulo: IRH Press do Brasil, 2019). (N. do A.)

avançado. Sinto uma defasagem de desenvolvimento maior ainda entre o Japão e as demais nações. Embora os japoneses tenham a tendência de se desvalorizarem, creio que o Japão está começando a construir algo do qual possa se orgulhar.

A primeira vez que dei uma palestra no International Exhibition Hall, em Makuhari Messe, foi em 1990. Nos 28 anos seguintes, já realizei muitas outras naquele local. Sou imensamente grato pelos esforços de muitas pessoas que estão sustentando nossa organização, realizando várias atividades no Japão ou propagando os ensinamentos no exterior.

Meus livros estão sendo publicados não só em japonês, mas também sendo traduzidos para 31 idiomas. Para ser honesto, nem conseguimos mais contar o número total de exemplares impressos, mas estimamos que esteja na casa das centenas de milhões. É praticamente impossível determinar com precisão o número de pessoas que assistiram às minhas palestras nos países em desenvolvimento, pois as palestras às vezes "viajam como circos" para diversas localidades. Estimo que entre 500 milhões e 1 bilhão de pessoas já tenham assistido.

Também estamos produzindo filmes e exibindo-os nos cinemas. De forma semelhante às palestras, os filmes também estão viajando como circos pelo exterior. Há muitos espectadores em diversos locais, e o número alcançou um nível que é impossível de se calcular. Agradeço muito, pois a maioria dessas atividades fora do Japão está sendo possível graças ao enorme apoio dos membros japoneses.

Superar a ideia fixa das pessoas de "não consigo"

Minha primeira palestra no Makuhari Messe foi há 28 anos em um auditório menor, o Event Hall, próprio para palestras e com capacidade para cerca de 7 mil pessoas. Era equipado com um ótimo sistema de áudio, e o local permitia que montássemos a estrutura de eventos facilmente.

A próxima palestra que realizei nesse centro de eventos, também há 28 anos, foi no International Exhibition Hall, que não havia sido projetado para palestras. Foi difícil tomar a decisão de dar uma palestra naquele salão, pois não sabíamos se realmente conseguiríamos: os pilares poderiam atrapalhar a visão de parte do público; minha voz poderia não chegar até os fundos do salão ou ecoar nas paredes dificultando a audição; o ar-condicionado poderia não funcionar bem ou talvez a quantidade de sanitários não fosse suficiente.

Vários motivos surgiam e poderiam impedir a realização. Apesar de tudo, de algum modo superamos essas dificuldades com sabedoria e, por fim, conseguimos realizar o evento.

Na época, eu jamais imaginaria que, após 28 anos, estaria transmitindo minha palestra via satélite para 3.500 locais ao redor do mundo. Outra coisa que me surpreendeu foi a contínua participação de nossos membros. Na época, eu não esperava que tantos membros nossos continuassem envolvidos, mesmo depois de terem chegado à idade que eu tenho agora. Sou muito grato. Aqueles jovens que eram vibrantes podem ter mudado depois de todos esses anos, mas fico muito feliz em vê-los continuar brilhando.

A magia de transformar a si mesmo mantendo o coração jovem

Embora isso não seja qualificado como milagre, parece que por algum motivo minha idade não avança. No Japão, as pessoas em geral se aposentam aos 60 anos, mas o governo está tentando estender essa idade para os 65 anos. Pessoalmente, minha sensação é: "Por que se aposentar aos 60 anos? Quem iria se aposentar tão jovem assim?".

Às vezes, quando vou às compras com minha filha, pensam que sou um colega de trabalho dela, o que secretamente me deixa feliz. Talvez não seja uma coisa boa para ela, mas, quando as pessoas perguntam: "Ela é sua colega? É sua amiga?", a única coisa que posso fazer é dar uma risada para disfarçar.

Magia não se trata somente de transformar algo em ouro. Manter a si mesmo em transformação, e continuar com o coração jovem, também é uma forma de magia.

Quando eu realizava as palestras no International Exhibition Hall ainda jovem, usava todas as energias para causar o maior impacto possível, mas em várias ocasiões minha voz ecoava com grande distorção, ficando inaudível para o público. Hoje, posso dar uma palestra com muita tranquilidade, mesmo diante de um público de 14 mil pessoas. Na verdade, eu até gostaria de ter uma plateia maior, para manifestar mais força. Se fosse possível, eu gostaria de realizar uma palestra vendo as imagens daqueles que me assistem pelo mundo todo ao vivo, para ter um retorno da reação de cada local. Talvez isso se torne realidade num futuro próximo.

3
Mais pessoas vivenciarão milagres daqui para a frente

Os filmes da Happy Science operam milagres

Fiz uma longa introdução e, agora, vamos ao tema principal. Até hoje vivenciei inúmeros milagres, mas estou planejando fazer com que muito mais milagres ocorram nos próximos anos.

Uma das formas de fazer isso é por meio de filmes. Em fevereiro de 2019, lançamos no Japão *A Última Feiticeira do Amor*[83], que possui magia. O filme em si e também sua música-tema contêm um encantamento; portanto, quem assistir receberá magia e verá milagres acontecerem. Em outubro daquele mesmo ano estreamos no Japão outro filme, intitulado *Herói Imortal*[84], baseado em um incidente que ocorreu

---

[83] *Boku no kanojo wa mahō tsukai*, produção executiva e roteiro original de Ryuho Okawa, 2019.
[84] *Sekai kara Kibō ga Kieta Nara*, produção executiva e roteiro original de Ryuho Okawa, 2019.

comigo quinze anos atrás (2004). Embora algumas situações tenham sido adaptadas para o filme, sua fidelidade é de cerca de 80%. Ele expressa visualmente os milagres que vivenciei de fato.

Ouvi dizer que, durante os períodos de gravação, o diretor do filme orava todos os dias de manhã cedo, antes de rodar as cenas, para que os espectadores fossem curados de suas doenças. A propósito, ele fazia outra oração, pedindo: "Que meu *ikiryo*[85] não vá até o mestre Okawa". Com tantas orações incutidas no filme, tenho expectativas de que ele opere muitos milagres de cura de doenças.

Incontáveis milagres estão ocorrendo na Happy Science

Temos relatos de centenas a milhares de casos de curas na Happy Science, mas não estamos fazendo a contagem, pois seria um grande desafio. Perdoe-me pela imprecisão, mas acredito que muitos milagres estejam ocorrendo em diversas partes em âmbito nacional e mundial. Às vezes, algum caso aparece descrito

---

85 O *ikiryō* de uma pessoa é a combinação de um forte pensamento dela e o seu espírito guardião. Se ela possuir pensamentos obsessivos contra alguém, como ódio ou vontade de prejudicá-lo, o *ikiryō* dela vai até o seu alvo, fica grudado nele, podendo lhe causar anomalias. Ver *Miraculous Ways to Conquer Cancer* ("Formas milagrosas de vencer o câncer", Tóquio: IRH Press, 2015). (N. do T.)

nas nossas revistas mensais do Japão ou nos demais veículos e eu, mesmo na posição de fundador, só fico sabendo da notícia ao mesmo tempo que você, ao ler a revista. Isso pode parecer estranho, mas os milagres são tão corriqueiros que eles nem são reportados a mim, devido à frequência com que acontecem.

Um caso raro ocorreu em dezembro de 2017 quando Shio Okawa, minha assessora, e a atriz Sengen Yoshiko realizaram juntas, no templo Tokyo Shōshinkan, um evento de Natal com base no nosso livro infantil de desenhos *Panda Roonda*. Muitas crianças participaram, assistindo a peças de teatro de papel, cantando e dançando. Durante o evento, houve a precipitação de muito pó de ouro. Quando o evento foi exibido em vídeo em outros locais, o fenômeno se repetiu, e coletamos muitos registros. Assim, partículas de ouro surgiram só de realizarmos um mero encontro de leitura de um livro infantil.

Isso deve ser surpreendente para os físicos de hoje, mas é inegável que o pó de ouro esteja se manifestando, pois as partículas são nitidamente visíveis. Claro, não caem numa quantidade que deixaria alguém milionário; não é possível juntar o pó numa barra e trocá-lo por dinheiro.

Como as crianças têm um coração puro, quando elas fazem a leitura e as apresentações, provavelmente muitos anjos estão por perto. E acredito que o fenômeno do pó de ouro ocorra para provar essa verdade. Esse tipo de fenômeno vem ocorrendo desde o início da Happy Science, sobretudo nos eventos para crianças. Imagino que o pó continue aparecendo em diversas partes do mundo[86]; então, por favor, esteja sempre preparado para gravar a manifestação com um smartphone. É uma alegria quando você vê o pó de ouro surgir, mas geralmente ele some em um dia ou, no máximo, uma semana. Segundo um perito que conseguiu analisar rapidamente a composição, as partículas possuíam as mesmas propriedades do ouro. Mas o pó nunca durou mais de uma semana.

Esse fenômeno expressa bem o mecanismo da materialização da energia espiritual do Mundo Celestial. Quando os seres das dimensões elevadas têm vontade de operar milagres, os fenômenos se manifestam.

Um exemplo de milagre: dermatite atópica curada com a revelação de vidas passadas

A cura de diversas doenças é uma variação do fenômeno do pó de ouro. Vejamos o câncer, uma das três maiores doenças da atualidade. Dizem que cerca de

---

[86] Depois da palestra deste capítulo foram registradas aparições de pó de ouro em diversos outros auditórios onde esta palestra foi transmitida. (N. do A.)

30% dos homens com câncer acaba falecendo, mas até o câncer pode desaparecer.

Durante um *checkup* feito em um hospital, foi encontrado em um de nossos membros um tumor do tamanho de um punho cerrado. Depois que ele recebeu *kigans* (preces rituais) em diversos *shōjas* da Happy Science e realizou outro exame, foi constatado que o tumor havia desaparecido por completo. Na Happy Science, ouvimos relatos como esse com grande frequência.

Há também casos de doenças cardíacas. Embora os problemas desse tipo venham aumentando devido aos hábitos alimentares ao estilo ocidental, muitos deles também estão sendo curados. Além disso, outras doenças incuráveis e estranhas que não podem ser explicadas nem tratadas pela medicina moderna estão sendo curadas na Happy Science. É realmente místico.

Um exemplo disso é a dermatite atópica. Quem tem essa doença não pode tomar sol, pois um dos seus sintomas é deixar o corpo todo cheio de alergia quando a pessoa fica exposta à luz solar. Durante a sessão de perguntas e respostas de uma palestra que realizei no Templo de Hakone[87], um membro

---

[87] Em 1º de agosto de 2010, realizei a palestra intitulada "Think Big" ("Pense Grande"), reproduzida no Capítulo 3 do meu livro *Think Big! – Pense Grande* (São Paulo: IRH Press do Brasil, 2014). (N. do A.)

com essa doença me perguntou como poderia resolver seu problema de pele. Então, realizei uma leitura espiritual para ele.

Os não seguidores da Happy Science podem até rir, mas hoje em dia realizamos com frequência o que chamamos de *leituras espirituais de extraterrestres*. Por meio delas, estamos descobrindo que, antes de nascerem como terráqueas, muitas pessoas viveram encarnações passadas em outros planetas. Pela quantidade de casos, podemos concluir que isso é verdade.

Enfim, o que eu realizei foi uma leitura espiritual de extraterrestre e descobri que ele já havia vivido em Marte.

Naquele planeta, a temperatura da superfície fica altíssima na parte ensolarada, enquanto a parte que fica na sombra registra temperaturas muito baixas. Por causa disso, algumas das espécies de lá viviam no subsolo, temendo os raios solares.

Sem me importar se o homem acreditaria ou não, respondi de imediato o resultado da leitura: "Segundo as cenas que enxerguei, como as regiões ensolaradas esquentavam demais, você passou por encarnações nas quais fugia delas. Essa atitude ficou gravada em sua alma e, por isso, quando você se expõe ao sol, a alergia se manifesta". Em menos de um mês, a dermatite desapareceu do corpo todo.

A doença desaparece quando o paciente descobre sua verdadeira causa

Há muitos outros relatos semelhantes também fora da Happy Science. A psicoterapia já consolidou, por meio da aplicação da regressão hipnótica nos pacientes, uma técnica de investigar as causas de um sintoma trazendo à tona memórias esquecidas da infância que ainda estão influenciando o presente, mesmo que eles não tenham consciência.

Alguns pacientes, à medida que voltam no tempo, chegam a recuperar memórias pré-natais; descrevem a passagem pelo canal do parto ou como se sentiam enquanto estavam no ventre materno. Há também relatos de pessoas que descrevem períodos ainda anteriores, enquanto habitavam o Mundo Celestial, ou até mesmo quando viviam como uma outra pessoa na encarnação anterior. Mas geralmente essas memórias duram até os 5 anos. Quando a criança começa a frequentar a escola, essas lembranças vão desaparecendo, sendo substituídas pelos conhecimentos e experiências adquiridos neste mundo.

Cada pessoa passa por várias vidas e, para muitos pacientes, a causa de suas doenças está numa experiência específica de alguma encarnação anterior. Por isso, ao se realizar uma leitura de vidas passadas em indivíduos com doenças desconhecidas ou incuráveis, é frequente encontrar causas impossíveis de serem identificadas somente por meio de uma análise dentro da encarnação atual. Então, por incrível que pareça, ocorre um fenômeno semelhante ao da regressão hipnótica: no momento em que a causa é identificada, aquilo que podemos chamar de "carma fenomenizado" – ou seja, a manifestação do carma neste mundo – começa a romper e o indivíduo começa a se curar.

No momento em que a pessoa passa a ter consciência da verdadeira causa, a doença começa a regredir e pode até desaparecer. É muito místico. Até eu fico me perguntado por que isso ocorre. Provavelmente, muitas pessoas vivenciarão fenômenos milagrosos similares daqui para a frente.

4
O mundo está repleto de grandes milagres

Registre os fenômenos milagrosos como a cura de doenças

Quando eu faço a leitura espiritual para alguém, o paciente pode compreender bem a causa de sua doença. Mas, mesmo na minha ausência, isso é possível nos nossos templos *shōja* em diversas partes do mundo. Ao participar de seminários meditativos, você pode ter várias experiências espirituais: pode ser que você recupere a consciência de vidas passadas e enxergue as cenas da época; talvez descubra as causas de doenças durante o estado meditativo ou ouça as vozes do seu espírito guardião. Creio que essas experiências serão mais numerosas daqui para a frente.

Então, eu gostaria de fazer um pedido antecipado: por favor, à medida do possível, deixe registrado qualquer fenômeno milagroso, como a cura de doenças (está previsto para ser lançado em agosto de 2020 o documentário *Kiseki to no Deai*, "O encontro com milagres" – Confortando o Coração 3, concepção original de Ryuho Okawa). Na Happy Science, muitas vezes acabamos tratando os milagres como algo normal, mas todos os casos relatados em nossas publicações deixam os médicos atônitos. Eles pensam: "Será que cometi um erro? Será que os aparelhos de raios-X não estavam funcionando direito?". Muitas coisas que não poderiam ocorrer estão ocorrendo; entre elas, numerosas curas de doenças.

Todas as pessoas possuem a capacidade de se curar

Jamais fiz uma declaração proativa de que realizo curas. As doenças se curam por si só. No Japão, há uma lei rígida chamada Código dos Médicos, e não convém que eu declare abertamente que posso curar. Então, considero que as doenças se curam por si só. Não há problema em você participar de um *kigan* e curar a si mesmo. Você pode ir aos *shōjas* ou templos locais da Happy Science e participar de seminários de *koan* ou das minhas palestras, meditar, rezar, buscar a raiz do seu desequilíbrio e curar-se por conta própria. Digo isso porque todos têm esse poder de forma inata.

Na verdade, como consta nos meus livros, o ser humano é a própria luz que se separara de Deus e Buda. Uns podem ter mais luz, outros menos;

aqueles que são chamados de grandes espíritos guias de luz ou arcanjos possuem grandes missões na forma de responsabilidades. Nem todos têm esse nível de incumbência. Mas, podemos dizer que, no mínimo, o fato de todos terem a alma alojada dentro de si é também um milagre.

Algumas pessoas dizem que os humanos são como máquinas: o corpo físico funciona como uma máquina que encerra sua missão após algumas décadas. Esse talvez seja o pensamento comum. Mas, graças a Deus, temos uma alma dentro do corpo, e ela possui lembrança de várias encarnações. Ela está ligada a memórias tão antigas assim. Isso é realmente um grande milagre.

Existe significado para todas as experiências ao longo dos 30 mil dias de vida

O seu "eu" verdadeiro é a sua alma, e sua vida no Mundo Celestial, ou Mundo Real, é sua verdadeira vida. Tenha consciência de que você nasce e vive cerca de 30 mil dias com o propósito de passar pela escola da alma, ou seja, de acumular experiências para sua alma no mundo terreno. Pensando dessa forma, você perceberá que todas as experiências da vida, inclusive os diversos sofrimentos, dificuldades, doenças, falhas nos negócios e fracassos nos relacionamentos têm um significado.

No Mundo Celestial, você vive como alma em um reino compatível com o seu nível de iluminação. Enquanto reside ali não há experiências diversificadas, pois estará convivendo com outras almas com o mesmo nível de consciência que o seu; mas, aqui no mundo terreno, você pode ter novas experiências. Pode conhecer diversos tipos de pessoas, porém não se sabe de que reino vieram. Talvez aquele indivíduo que está sentado à sua frente esteja batendo grandes asas de anjo. Entretanto, nesse mundo não podemos enxergar isso; portanto, nem nos importamos de que reino a pessoa veio.

A existência do deus Ame-no-Mioyagami na raiz do xintoísmo japonês

Às vezes, algumas pessoas conseguem vislumbrar um pouco da minha forma espiritual durante uma palestra. Por exemplo, no final dos anos 1980, uma criança que participou de uma grande conferência minha enxergou-me como uma grande estátua de Buda, enquanto eu caminhava em direção ao púlpito. Eu soube que, de acordo com a visão da criança, eu parecia tão grande que só as pernas estavam visíveis; o restante do corpo passava do teto. Naquele dia, como a palestra era no estádio de sumô Ryogoku Kokugikan, local famoso de torneios de sumô, talvez ela tenha me enxergado como um lutador de sumô se aproximando. Quando ouvi aquilo, fiquei incrédulo e não sabia se ficava feliz ou não.

Mas recentemente descobrimos que o comentário da criança não estava equivocado. Na nossa leitura espiritual de extraterrestres, ao investigarmos as origens do xintoísmo japonês descobrimos a existência do seu deus mais antigo, que se chama Ame-no-Mioyagami. Soubemos nessa leitura que essa entidade trouxe ao sopé do Monte Fuji, no Japão antigo, uma grande frota de naves com cerca de 200 mil humanoides da Galáxia Andrômeda. E, quando pedimos que esse deus mais antigo e elevado do Japão descrevesse a si mesmo, para a nossa surpresa ele disse que tinha a aparência de um lutador de sumô com cerca de 25 metros. Fiquei bastante surpreso, pois isso quer dizer que a origem do sumô data de uma época bem antiga.

Imaginei diversas coisas, entre as quais, se crises de escassez de alimentos teriam encolhido os seres humanos para o tamanho atual. Com isso, estamos descobrindo que o sumô existe desde a origem do xintoísmo, bem como os costumes xintoístas de juntar as mãos e reverenciar.

Encontrar seu verdadeiro eu, seus companheiros de alma e um mundo fantástico

De fato, o mundo é muito maior do que aquilo que aprendemos na escola; ele está repleto de milagres que, aos poucos, estamos desvendando. Com essa consciência, você conseguirá captar quem você é de verdade e realizar coisas que considerava impossíveis. Significa que você estará "rompendo sua concha".

Até então, você só percebia a si mesmo como uma *consciência alojada no corpo*, mas passará a se enxergar de um modo diferente: por exemplo, como alguém que já esteve no Mundo Celestial, que tem irmãos de alma ou que vem ao mundo terreno de vez em quando e encontra aqui seus companheiros de alma.

Este é um mundo realmente fantástico. A partir de agora, surgirão novas evidências de que o mundo foi criado dessa forma, uma após a outra. E você sentirá que o próprio fato de vivermos na Terra é como viver um momento mágico.

Quem captou e compreendeu a Verdade não teme mais a morte

Mesmo as doenças podem ser curadas, mas uma hora a vida acaba e temos de partir deste mundo. Seja como for, quem capta e compreende a Verdade ainda aqui no mundo terreno descobre que não precisa nem mesmo temer a morte.

Quem tem mais medo da morte são aqueles que não sabem o que ocorrerá com eles depois de morrer e nunca pensaram sobre isso ao longo da vida. Mesmo que uma pessoa nunca tenha pensando sobre esse assunto, se ela viveu de forma bondosa, com certeza será salva. Porém, uma provação severa aguarda aqueles que acham que a vida se limita a este mundo, mas descobrem que eles continuarão vivendo no outro mundo e perceberam tarde demais que levaram uma vida errática.

Essa é uma verdade simples que você já deve ter ouvido em muitos contos. Alguns creem que já a ouviram em parábolas. Mesmo entre os acadêmicos renomados, muitos consideram que ela não passa de uma metáfora. Alguns deles, que estudam o budismo, retiram tudo que é místico e descrevem apenas os aspectos que parecem aceitáveis para o mundo terreno. Há quem se declare cristão, mas estuda a Bíblia pulando todas as partes que falam de milagres. No entanto, os aspectos mundanos não são tudo. Milagres existem em qualquer época. Tenha consciência de que todas as pessoas estão vivendo numa época repleta de milagres.

5
O poder que opera milagres e muda o mundo

O momento em que você percebe que possui uma força muito maior do que tinha antes

Enquanto estiver vivendo como um humano, você vai enfrentar algumas provações ou, pelo menos, passar por períodos difíceis à medida que se esforça para cumprir alguma grande meta que você mesmo definiu para si.

Mas você possui uma força enorme oculta no seu subconsciente, muito maior do que você consegue imaginar. Quando se conscientizar disso, você se transformará em outra pessoa.

Você vai perceber que todas as coisas que parecem causar tristeza e sofrimento são, na verdade, simples lixas para lapidar sua alma. E também vai conseguir avançar em sua iluminação até alcançar um nível de consciência bem mais elevado do que esperava.

Então, como seria o estado de espírito definitivo que eu gostaria que você alcançasse? Explicarei de forma simples.

Viva com um coração transparente

O primeiro ponto é "deixar o coração o mais transparente possível". Viver de forma límpida neste mundo pode parecer uma tolice. Talvez alguns digam: "Não vou ganhar nem um centavo com isso". Outros irão declarar: "Não adianta viver com um coração puro, só vou ser enganado, desprezado ou levar prejuízo neste mundo". Mas não é isso que quero dizer.

Viver de forma límpida significa "tornar o coração transparente". Por conseguinte, você passará a ver o que não enxergava antes. Vai também entrar em sintonia com espíritos celestiais e enxergará aliados de luz que estão vivendo neste mundo.

Para manter a pureza do coração é preciso limpar as ferrugens e sujeiras que se depositam nele todos os dias. Esse será um aprimoramento importante.

Essa é uma tarefa simples, mas não a considere insignificante. Ao final do dia, olhe para trás e relembre se deixou de fazer algum esforço, se foi ríspido demais, se prejudicou alguém ou se causou problemas a alguma pessoa. Se você achou que cometeu alguns erros, o importante é refletir sobre eles, um por um, e eliminar cada negatividade. É assim que se lapida o coração. Ele vai aos poucos ficando transparente, como se polisse um espelho.

Dessa forma, a luz do Mundo Celestial fluirá para dentro de você. Essa luz vai gerar milagres e multiplicar sua vitalidade por dois, e até por dez. Este é o meu primeiro pedido a você.

Viva com amor

Meu segundo pedido é: enquanto estiver vivendo como ser humano, viva com amor. Isso pode parecer ingênuo e superficial, mas, se cada indivíduo da humanidade passar a se esforçar para viver com amor, este mundo aos poucos avançará numa boa direção. O mundo só poderá melhorar.

É natural que existam diferenças de nacionalidade, de etnia, de religião, de filosofias e de crenças. Há também variedade na maneira de viver e nas profissões, entre muitas outras diferenças, porque nem todos pensam do mesmo modo.

Contudo, nascemos neste mundo tendo consciência desse fato. Espera-se, então, que uma imensa quantidade de pessoas viva com outras por algumas décadas competindo entre si e lapidando-se mutuamente, cada uma com suas ideias. Portanto, precisamos ir além das diferenças e superar as barreiras difíceis para construir uma era na qual todos possamos conviver.

Em uma palavra simples, isso se chama *amor*. Mas esse termo costuma ser confundido na sociedade moderna. Inevitavelmente ele acaba se transformando no *amor possessivo* ou no *amor que espera receber*. Quando não consegue o amor que quer, você se entristece e pode até ficar com vontade de se vingar de alguma forma. Mas, se houver mais pessoas praticando o *amor que se dá*, mais esse mundo se aproximará definitivamente da Utopia. Todas as outras coisas, como aumentar a renda, melhorar os relacionamentos, ser promovido na empresa, entre diversos outros desejos, virão atrás. Antes de tudo, vamos nos esforçar para construir um mundo repleto do *amor que se dá*. Não custa nem um centavo fazer isso. Dê a partida no pequeno motor do seu coração e tenha disposição para ser útil aos outros, ser uma pessoa gentil e desejar uma vida melhor ao próximo.

Do amor para a oração – eis o que desbravará o futuro

Às vezes, pode parecer que suas orações não vão ser atendidas. Mas, se suas orações forem um ato de amor genuíno, então esse ato de amor será imortal. Ele jamais desaparecerá. Ficará gravado eternamente na alma. Por isso, vamos realizar o que devemos cumprir neste mundo. A grandeza de uma pessoa é determinada por suas atitudes. As atitudes é que definem o verdadeiro status, a posição e a grandeza. Mas vá mais além e ore. "Do amor para a oração" – eis o que desbravará o futuro. Algumas preces contêm esperanças que ainda serão realizadas, mas, se muitas pessoas orarem juntas, o mundo vai se mover nessa direção. Vamos continuar dando o nosso melhor juntos para construir um mundo como este.

Posfácio

Você precisa passar por sofrimentos e provações para estabelecer uma fé verdadeira, assim como uma espada é temperada pelo fogo e pela água ao ser forjada.

Para cumprir um nobre dever, às vezes é necessário deixar de lado a fama, o status, o patrimônio, os relacionamentos pessoais e até mesmo os laços familiares, e manter um estado mental impassível.

Supere os muitos fracassos que irão ocorrer e continue disciplinando a si mesmo ao máximo, sem depender de milagres. Existe um arco-íris que somente aqueles que conseguirem se lapidar até o final conseguirão ver.

Oscilando entre o *amor* e o *apego*, como é difícil viver cada dia com a mente calma.

Seja como o aço. Com resiliência e um coração imperturbável, derrote as trevas. Não pense que sua colheita terminará nesta encarnação.

Ryuho Okawa
Dezembro de 2019

Este livro é uma compilação das seguintes palestras, com alguns acréscimos, conforme listado a seguir.

Cap. UM – Título em japonês: *Han'ei wo Maneku Tame no Kangaekata*. Palestra dada em 23 de novembro de 2018 na Sala Especial de Palestras, Happy Science, Tóquio, Japão.

Cap. DOIS – Título em japonês: *Gen'in to Kekka no Hōsoku*. Palestra dada em 14 de novembro de 2018 na Matriz Geral da Happy Science, Tóquio, Japão.

Cap. TRÊS – Título em japonês: *Kōki Naru Gimu wo Hatasu Tame ni*. Palestra dada em 3 de maio de 2018 no Templo Shōshinkan de Tóquio, Happy Science, Tóquio, Japão.

Cap. QUATRO – Título em japonês: *Jinsei ni Jishin wo Mote*. Palestra dada em 5 de julho de 2019 no Centro Internacional de Fukuoka, Fukuoka, Japão.

Cap. CINCO – Título em japonês: *Kyūseishu no Negai*. Palestra dada em 29 de abril de 2019 na Sala Especial de Palestras, Happy Science, Tóquio, Japão.

Cap. SEIS – Título em japonês: *Kiseki wo Okosu Chikara*. Palestra dada em 11 de dezembro de 2018 no Saguão de Exposições Internacionais Makuhari Messe, Chiba, Japão.

As "Palavras que vão transformar a vida" foram extraídas dos livros e palestras abaixo relacionados:

1. Título em japonês: *Kangaekata wa hijō ni tsuyoi chikara wo umu*. Citação extraída do Capítulo Um de *Chie no Keiei* ("Gestão de Sabedoria", Tóquio: IRH Press, 2012).

2. Título em japonês: *Shiren no naka de, tamashii no kagayaki to toku wo eru*. Citação extraída do Capítulo Cinco de *Strong Mind* ("Mente Forte", Tóquio: IRH Press, 2010).

3. Título em japonês: *Kojin mo soshiki mo seikō saseru "chiisa na satori"*. Citação extraída do Capítulo Dois de *Keiei to Jinbōryoku* ("Gestão e qualidades admiráveis", Tóquio: IRH Press, 2017).

4. Título em japonês: *Chikyūshin El Cantare kara no message*. Citação extraída do Capítulo Seis de *As Leis da Fé*, São Paulo: IRH Press do Brasil, 2018.

5. Título em japonês: *Mamoranto sureba suteyo*. Citação extraída do Capítulo Cinco de *Meus amados, atravessem o vale de lágrimas*, São Paulo: Happy Science do Brasil, 2016.

Sobre o autor

Ryuho Okawa nasceu em 7 de julho de 1956, em Tokushima, Japão. Após graduar-se na Universidade de Tóquio, juntou-se a uma empresa mercantil com sede em Tóquio. Enquanto trabalhava na filial de Nova York, estudou Finanças Internacionais no Graduate Center of the City University of New York.

Em 23 de março de 1981, alcançou a Grande Iluminação e despertou para Sua consciência central, El Cantare – cuja missão é trazer felicidade para a humanidade – e fundou a Happy Science em 1986.

Atualmente, a Happy Science expandiu-se para mais de 100 países, com mais de 700 templos locais no Japão e no exterior. O mestre Ryuho Okawa realizou mais de 3 mil palestras, sendo mais de 150 em inglês. Ele possui mais de 2.600 livros publicados – traduzidos para mais de 31 línguas –, muitos dos quais alcançaram a casa dos milhões de cópias vendidas, inclusive *As Leis do Sol*.

Ele também é o fundador da Universidade Happy Science, da Happy Science Academy (ensino secundário), do Partido da Realização da Felicidade, fundador e Diretor Honorário do Instituto Happy Science de Governo e Gestão, fundador da Editora IRH Press e Presidente da New Star Production Co. Ltd. (estúdio cinematográfico) e ARI Production Co. Ltd.

• Sobre o autor •

Grandes conferências transmitidas para o mundo todo

As grandes conferências do mestre Ryuho Okawa são transmitidas ao vivo para várias partes do mundo. Em cada uma delas, ele transmite, na posição de Mestre do Mundo, desde ensinamentos sobre o coração para termos uma vida feliz até diretrizes à política e à economia internacional e às numerosas questões globais – como os confrontos religiosos e os conflitos que ocorrem em diversas partes do planeta –, para que o mundo possa concretizar um futuro de prosperidade ainda maior.

17/12/2019: "Rumo à Era da Nova Prosperidade"
Saitama Super Arena

6/10/2019: "A Razão pela qual Estamos Aqui"
The Westin Harbour Castle, Toronto

3/3/2019: "O Amor Supera o Ódio"
Grand Hyatt Taipei

Mais de 2.600 livros publicados

As obras do mestre Ryuho Okawa foram traduzidas em 31 línguas e vêm sendo cada vez mais lidas no mundo inteiro. Em 2010, ele recebeu menção no livro *Guinness World Records* por ter publicado 52 títulos em um ano. Ao longo de 2013, publicou 106 livros. Em dezembro de 2019, o número de livros lançados pelo mestre Okawa passou de 2.600.

Entre eles, há também muitas mensagens de espíritos de grandes figuras históricas e de espíritos guardiões de importantes personalidades que vivem no mundo atual.

Sobre a Happy Science

A Happy Science é um movimento global que capacita as pessoas a encontrar um propósito de vida e felicidade espiritual, e a compartilhar essa felicidade com suas famílias, a sociedade e o planeta. Com mais de 12 milhões de membros em todo o globo, ela visa aumentar a consciência das verdades espirituais e expandir nossa capacidade de amor, compaixão e alegria, para que juntos possamos criar o tipo de mundo no qual todos desejamos viver. Seus ensinamentos baseiam-se nos Princípios da Felicidade – Amor, Conhecimento, Reflexão e Desenvolvimento –, que abraçam filosofias e crenças mundiais, transcendendo as fronteiras da cultura e das religiões.

O **amor** nos ensina a dar livremente sem esperar nada em troca; abrange dar, nutrir e perdoar.

O **conhecimento** nos leva às ideias das verdades espirituais e nos abre para o verdadeiro significado da vida e da vontade de Deus – o universo, o poder mais alto, Buda.

A **reflexão** traz uma atenção consciente, sem o julgamento de nossos pensamentos e ações a fim de nos ajudar a encontrar o nosso eu verdadeiro – a essência de nossa alma – e aprofundar nossa conexão com o poder mais alto. Isso nos permite alcançar uma mente limpa e pacífica e nos leva ao caminho certo da vida.

O **desenvolvimento** enfatiza os aspectos positivos e dinâmicos do nosso crescimento espiritual: ações que podemos adotar para manifestar e espalhar a felicidade pelo planeta. É um caminho que não apenas expande o crescimento de nossa alma, como também promove o potencial coletivo do mundo em que vivemos.

Programas e Eventos

Os templos locais da Happy Science oferecem regularmente eventos, programas e seminários. Junte-se às nossas sessões de meditação, assista às nossas palestras, participe dos grupos de estudo, seminários e eventos literários. Nossos programas ajudarão você a:
- aprofundar sua compreensão do propósito e significado da vida;
- melhorar seus relacionamentos conforme você aprende a amar incondicionalmente;
- aprender a tranquilizar a mente mesmo em dias estressantes, pela prática da contemplação e da meditação;
- aprender a superar os desafios da vida e muito mais.

Contatos

A Happy Science é uma organização mundial, com centros de fé espalhados pelo globo. Para ver a lista completa dos centros, visite a página happy-science.org. A seguir encontram-se alguns dos endereços da Happy Science:

BRASIL

São Paulo (Matriz)
Rua Domingos de Morais 1154,
Vila Mariana, São Paulo, SP
CEP 04010-100, Brasil
Tel.: 55-11-5088-3800
E-mail: sp@happy-science.org
Website: happyscience.com.br

São Paulo (Zona Sul)
Rua Domingos de Morais 1154,
Vila Mariana, São Paulo, SP
CEP 04010-100, Brasil
Tel.: 55-11-5088-3800
E-mail: sp_sul@happy-science.org

São Paulo (Zona Leste)
Rua Fernão Tavares 124,
Tatuapé, São Paulo, SP
CEP 03306-030, Brasil
Tel.: 55-11-2295-8500
E-mail: sp_leste@happy-science.org

São Paulo (Zona Oeste)
Rua Rio Azul 194,
Jardim Trussardi, São Paulo, SP
CEP 05519-120, Brasil
Tel.: 55-11-3061-5400
E-mail: sp_oeste@happy-science.org

Campinas
Rua Joana de Gusmão 187,
Jd. Guanabara, Campinas, SP
CEP 13073-370, Brasil
Tel.: 55-19-3255-3346

Capão Bonito
Rua Benjamin Constant 225,
Centro, Capão Bonito, SP
CEP 18300-322, Brasil
Tel.: 55-15-3543-2010

Jundiaí
Rua Congo 447,
Jd. Bonfiglioli, Jundiaí, SP
CEP 13207-340, Brasil
Tel.: 55-11-4587-5952
E-mail: jundiai@happy-science.org

Londrina
Rua Piauí 399, 1º andar, sala 103,
Centro, Londrina, PR
CEP 86010-420, Brasil
Tel.: 55-43-3322-9073

Santos / São Vicente
Rua João Ramalho 574, sala 4,
Centro, São Vicente, SP
CEP 11310-050, Brasil
Tel.: 55-13-99158-4589
E-mail: santos@happy-science.org

Sorocaba
Rua Dr. Álvaro Soares 195, sala 3,
Centro, Sorocaba, SP
CEP 18010-190, Brasil
Tel.: 55-15-3359-1601, 55-15-3359-1601
E-mail: sorocaba@happy-science.org

Rio de Janeiro
Largo do Machado 21, sala 605,
Catete, Rio de Janeiro, RJ
CEP 22221-020, Brasil
Tel.: 55-21-3486-6987
E-mail: riodejaneiro@happy-science.org

ESTADOS UNIDOS E CANADÁ

Nova York
79 Franklin St.,
Nova York, NY 10013
Tel.: 1-212-343-7972
Fax: 1-212-343-7973
E-mail: ny@happy-science.org
Website: happyscience-na.org

Los Angeles
1590 E. Del Mar Blvd.,
Pasadena, CA 91106
Tel.: 1-626-395-7775
Fax: 1-626-395-7776
E-mail: la@happy-science.org
Website: happyscience-na.org

San Francisco
525 Clinton St.,
Redwood City, CA 94062
Tel./Fax: 1-650-363-2777
E-mail: sf@happy-science.org
Website: happyscience-na.org

Havaí
Tel.: 1-808-591-9772
Fax: 1-808-591-9776
E-mail: hi@happy-science.org
Website: happyscience-na.org

Kauai
4504 Kukui Street.,
Dragon Building Suite 21,
Kapaa, HI 96746
Tel.: 1-808-822-7007
Fax: 1-808-822-6007
E-mail: kauai-hi@happy-science.org
Website: happyscience-na.org

Flórida
5208 8^{th}St., Zephyrhills,
Flórida 33542
Tel.: 1-813-715-0000
Fax: 1-813-715-0010
E-mail: florida@happy-science.org
Website: happyscience-na.org

Toronto
845 The Queensway Etobicoke,
ON M8Z 1N6, Canadá
Tel.: 1-416-901-3747
E-mail: toronto@happy-science.org
Website: happy-science.ca

• CONTATOS •

INTERNACIONAL

Tóquio
1-6-7 Togoshi, Shinagawa
Tóquio, 142-0041, Japão
Tel.: 81-3-6384-5770
Fax: 81-3-6384-5776
E-mail: tokyo@happy-science.org
Website: happy-science.org

Londres
3 Margaret St.,
Londres, W1W 8RE, Grã-Bretanha
Tel.: 44-20-7323-9255
Fax: 44-20-7323-9344
E-mail: eu@happy-science.org
Website: happyscience-uk.org

Sydney
516 Pacific Hwy, Lane Cove North,
NSW 2066, Austrália
Tel.: 61-2-9411-2877
Fax: 61-2-9411-2822
E-mail: sydney@happy-science.org
Website: happyscience.org.au

Nepal
Kathmandu Metropolitan City
Ward Nº 15, Ring Road, Kimdol,
Sitapaila Kathmandu, Nepal
Tel.: 977-1-427-2931
E-mail: nepal@happy-science.org

Uganda
Plot 877 Rubaga Road, Kampala
P.O. Box 34130, Kampala, Uganda
Tel.: 256-79-3238-002
E-mail: uganda@happy-science.org

Tailândia
19 Soi Sukhumvit 60/1,
Bang Chak, Phra Khanong,
Bancoc, 10260, Tailândia
Tel.: 66-2-007-1419
E-mail: bangkok@happy-science.org
Website: happyscience-thai.org

Indonésia
Darmawangsa
Square Lt. 2 Nº 225,
Jl. Darmawangsa VI & IX,
Indonésia
Tel.: 021-7278-0756
E-mail: indonesia@happy-science.org

Filipinas Taytay
LGL Bldg, 2nd Floor,
Kadalagaham cor,
Rizal Ave. Taytay,
Rizal, Filipinas
Tel.: 63-2-5710686
E-mail: philippines@happy-science.org

Seul
74, Sadang-ro 27-gil,
Dongjak-gu, Seoul, Coreia do Sul
Tel.: 82-2-3478-8777
Fax: 82-2- 3478-9777
E-mail: korea@happy-science.org

Taipé
Nº 89, Lane 155, Dunhua N. Road.,
Songshan District, Cidade de Taipé 105,
Taiwan
Tel.: 886-2-2719-9377
Fax: 886-2-2719-5570
E-mail: taiwan@happy-science.org

Malásia
Nº 22A, Block 2, Jalil Link Jalan Jalil
Jaya 2, Bukit Jalil 57000, Kuala Lumpur,
Malásia
Tel.: 60-3-8998-7877
Fax: 60-3-8998-7977
E-mail: malaysia@happy-science.org
Website: happyscience.org.my

Partido da Realização da Felicidade

O Partido da Realização da Felicidade (PRF) foi fundado no Japão em maio de 2009 por Ryuho Okawa, como parte do Grupo Happy Science, para oferecer soluções concretas e práticas a assuntos atuais, como as ameaças militares da Coreia do Norte e da China e a recessão econômica de longo prazo. O PRF objetiva implementar reformas radicais no governo japonês, a fim de levar paz e prosperidade ao Japão. Para isso, o PRF propõe duas medidas principais:

1. Fortalecer a segurança nacional e a aliança Japão-EUA, que tem papel vital para a estabilidade da Ásia.
2. Melhorar a economia japonesa implementando cortes drásticos de impostos, adotando medidas monetárias facilitadoras e criando novos grandes setores.

O PRF defende que o Japão deve oferecer um modelo de nação religiosa que permita a coexistência de valores e crenças diversos, e que contribua para a paz global.

Para mais informações, visite en.hr-party.jp

Universidade Happy Science

O espírito fundador e a meta da educação

Com base na filosofia fundadora da universidade, que é de "Busca da felicidade e criação de uma nova civilização", são oferecidos educação, pesquisa e estudos para ajudar os estudantes a adquirirem profunda compreensão, assentada na crença religiosa, e uma expertise avançada, para com isso produzir "grandes talentos de virtude" que possam contribuir de maneira abrangente para servir o Japão e a comunidade internacional.

Filmes da Happy Science

O mestre Okawa é criador e produtor executivo de dezoito filmes, que receberam vários prêmios e reconhecimento ao redor do mundo. Títulos dos filmes:

- As Terríveis Revelações de Nostradamus (1994)
- Hermes – Ventos do Amor (1997)
- As Leis do Sol (2000)
- As Leis Douradas (2003)
- As Leis da Eternidade (2006)
- O Renascimento de Buda (2009)
- O Julgamento Final (2012)
- As Leis Místicas (2012)
- As Leis do Universo – Parte 0 (2015)
- Estou Bem, Meu Anjo (2016)
- O Mundo em que Vivemos (2017)
- Alvorecer (2018)
- As Leis do Universo – Parte I (2018)
- Confortando o Coração (título provisório) – documentário (2018)
- A Última Feiticeira do Amor (2019)
- Vidas que se iluminam (título provisório) – documentário (2019)
- Herói Imotal (2019)
- O Verdadeiro Exorcista (título provisório, a ser lançado em maio de 2020 no Japão)

As Leis do Sol

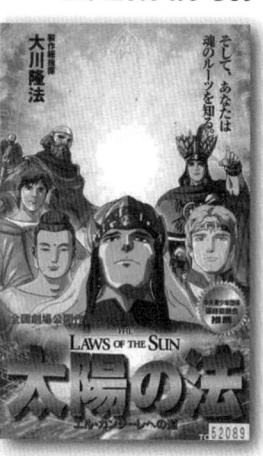

As Leis Douradas

• Filmes da Happy Science •

As Leis da Eternidade

As Leis Místicas

As Leis do Universo (Parte 0)

As Leis do Universo (Parte I)

O Verdadeiro Exorcista

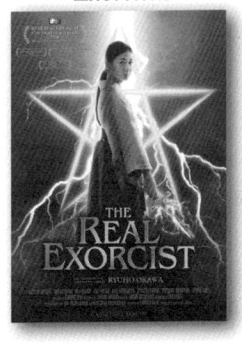

HERÓI IMORTAL

INSPIRADO EM UMA EMOCIONANTE HISTÓRIA REAL

SE A ESPERANÇA DESAPARECER DO MUNDO

Você é invencível.
Quando você acredita, milagres acontecem.

Outros livros de Ryuho Okawa

SÉRIE LEIS

As Leis do Sol – *A Gênese e o Plano de Deus*
IRH Press do Brasil

Ao compreender as leis naturais que regem o universo e desenvolver sabedoria pela reflexão com base nos Oito Corretos Caminhos, o autor mostra como acelerar nosso processo de desenvolvimento e ascensão espiritual. Edição revista e ampliada.

As Leis da Imortalidade
O Despertar Espiritual para uma Nova Era Espacial
IRH Press do Brasil

As verdades sobre os fenômenos espirituais, as leis espirituais eternas e como elas moldam o nosso planeta. Milagres e ocorrências espirituais dependem não só do Mundo Celestial, mas sobretudo de cada um de nós e do poder em nosso interior – o poder da fé.

As Leis Místicas
Transcendendo as Dimensões Espirituais
IRH Press do Brasil

Aqui são esclarecidas questões sobre espiritualidade, misticismo, possessões e fenômenos místicos, comunicações espirituais e milagres. Você compreenderá o verdadeiro significado da vida na Terra, fortalecerá sua fé e despertará o poder de superar seus limites.

• Outros livros de Ryuho Okawa •

As Leis da Salvação
Fé e a Sociedade Futura
IRH Press do Brasil

O livro fala sobre a fé e aborda temas importantes como a verdadeira natureza do homem enquanto ser espiritual, a necessidade da religião, a existência do bem e do mal, o papel das escolhas, a possibilidade do apocalipse, como seguir o caminho da fé e ter esperança no futuro.

As Leis da Eternidade – *A Revelação dos Segredos das Dimensões Espirituais do Universo*
Editora Cultrix

O autor revela os aspectos multidimensionais do Outro Mundo, descrevendo suas dimensões, características e leis. Ele também explica por que é essencial para nós compreendermos a estrutura e a história do mundo espiritual e percebermos a razão de nossa vida.

As Leis da Felicidade
Os Quatro Princípios para uma Vida Bem-Sucedida
Editora Cultrix

Uma introdução básica sobre os Princípios da Felicidade: Amor, Conhecimento, Reflexão e Desenvolvimento. Se as pessoas conseguirem dominá-los, podem fazer sua vida brilhar, tanto neste mundo como no outro, e escapar do sofrimento para alcançar a verdadeira felicidade.

As Leis da Sabedoria
Faça Seu Diamante Interior Brilhar
IRH Press do Brasil

A única coisa que o ser humano leva consigo para o outro mundo após a morte é seu *coração*. E dentro dele reside a *sabedoria*, a parte que preserva o brilho de um diamante. O mais importante é jogar um raio de luz sobre seu modo de vida e produzir magníficos cristais durante sua preciosa passagem pela Terra.

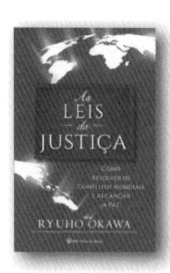

As Leis da Justiça – *Como Resolver os Conflitos Mundiais e Alcançar a Paz*
IRH Press do Brasil

Neste livro, o autor assumiu o desafio de colocar as revelações de Deus como um tema de estudo acadêmico. Buscou formular uma imagem de como a justiça deveria ser neste mundo, vista da perspectiva de Deus ou de Buda. Alguns de seus leitores sentirão nestas palavras a presença de Deus no nível global.

As Leis do Futuro
Os Sinais da Nova Era
IRH Press do Brasil

O futuro está em suas mãos. O destino não é algo imutável e pode ser alterado por seus pensamentos e suas escolhas: tudo depende de seu despertar interior. Podemos encontrar o Caminho da Vitória usando a força do pensamento para obter sucesso na vida material e espiritual.

• Outros livros de Ryuho Okawa •

As Leis da Perseverança – *Como Romper os Dogmas da Sociedade e Superar as Fases Difíceis da Vida*
IRH Press do Brasil

Você pode mudar sua forma de pensar e vencer os obstáculos da vida apoiando-se numa força especial: a perseverança. O autor compartilha seus segredos no uso da perseverança e do esforço para fortalecer sua mente, superar suas limitações e resistir ao longo do caminho que o levará a uma vitória infalível.

As Leis da Missão
Desperte Agora para as Verdades Espirituais
IRH Press do Brasil

O autor afirma: "Agora é a hora". Quando a humanidade está se debatendo no mais profundo sofrimento, é nesse momento que Deus está mais presente. Estas também são as leis da salvação, do amor, do perdão e da verdade. Construa um túnel para perfurar a montanha da teoria.

As Leis da Invencibilidade – *Como Desenvolver uma Mente Estratégica e Gerencial*
IRH Press do Brasil

Okawa afirma: "Desejo fervorosamente que todos alcancem a verdadeira felicidade neste mundo e que ela persista na vida após a morte. Um intenso sentimento meu está contido na palavra 'invencibilidade'. Espero que este livro dê coragem e sabedoria àqueles que o leem hoje e às gerações futuras".

As Leis da Fé
Um Mundo Além das Diferenças
IRH Press do Brasil

Sem Deus é impossível haver elevação do caráter e da moral do ser humano. As pessoas são capazes de carregar sentimentos sublimes quando creem em algo maior do que elas mesmas. Eis aqui a chave para aceitar a diversidade, harmonizar os indivíduos e as nações e criar um mundo de paz e prosperidade.

As Leis de Bronze
Desperte para sua origem e viva pelo amor
IRH Press do Brasil

Okawa nos encoraja a encontrar o amor de Deus dentro de cada um e a conhecer a Verdade universal. Com ela, é possível construir a fé, que é altruísta e forte como as portas de bronze das seculares igrejas cristãs europeias, que protegem nossa felicidade espiritual de quaisquer dificuldades.

As Leis do Sucesso – *Um Guia Espiritual para Transformar suas Esperanças em Realidade*
IRH Press do Brasil

O autor mostra quais são as posturas mentais e atitudes que irão empoderá-lo e fazer seus sonhos se tornarem realidade, inspirando-o para que possa vencer obstáculos e viver cada dia de maneira positiva, construtiva e com sentido. Aqui está a chave para um novo futuro, cheio de esperança, coragem e felicidade!

• Outros livros de Ryuho Okawa •

SÉRIE ENTREVISTAS ESPIRITUAIS

O Próximo Grande Despertar
Um Renascimento Espiritual
IRH Press do Brasil

Esta obra traz revelações surpreendentes, que podem desafiar suas crenças: a existência de Espíritos Superiores, Anjos da Guarda e alienígenas aqui na Terra. São mensagens transmitidas pelos Espíritos Superiores a Okawa, para que você compreenda a verdade sobre o que chamamos de *realidade*.

Mensagens do Céu – *Revelações de Jesus, Buda, Moisés e Maomé para o Mundo Moderno*
IRH Press do Brasil

Mensagens desses líderes religiosos, recebidas por comunicação espiritual, para as pessoas de hoje. Você compreenderá como eles influenciaram a humanidade e por que cada um deles foi um mensageiro de Deus empenhado em guiar as pessoas.

A Última Mensagem de Nelson Mandela para o Mundo – *Uma Conversa com Madiba Seis Horas Após Sua Morte.* IRH Press do Brasil

Mandela transmitiu a Okawa sua última mensagem de amor e justiça para todos, antes de retornar ao Mundo Espiritual. Porém, a revelação mais surpreendente é que Mandela é um Grande Anjo de Luz, trazido a este mundo para promover a justiça divina.

A Verdade sobre o Massacre de Nanquim
Revelações de Iris Chang
IRH Press do Brasil

Em 1997, Iris Chang lançou *O Estupro de Nanquim*, sobre as supostas atrocidades cometidas pelo exército japonês na Guerra Sino-Japonesa. Para esclarecer o assunto, Okawa invocou o espírito da jornalista dez anos após sua morte e revela o estado de Chang antes de morrer e a possível conspiração por trás de seu livro.

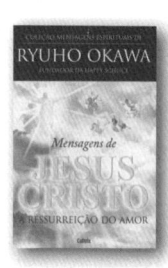

Mensagens de Jesus Cristo
A Ressurreição do Amor
Editora Cultrix

Assim como muitos outros Espíritos Superiores, Jesus Cristo tem transmitido diversas mensagens espirituais ao mestre Okawa, cujo objetivo é orientar a humanidade e despertá-la para uma nova era de espiritualidade.

Walt Disney
Os Segredos da Magia que Encanta as Pessoas
IRH Press do Brasil

Graças à sua atuação diversificada, Walt Disney estabeleceu uma base sólida para seus empreendimentos. Nesta entrevista espiritual, ele nos revela os segredos do sucesso que o consagrou como um dos mais bem-sucedidos empresários da área de entretenimento do mundo contemporâneo.

Série Autoajuda

Estou Bem! – *7 Passos para uma Vida Feliz*
IRH Press do Brasil

Este livro traz filosofias universais que irão atender às necessidades de qualquer pessoa. Um tesouro repleto de reflexões que transcendem as diferenças culturais, geográficas, religiosas e étnicas. É uma fonte de inspiração e transformação com instruções concretas para uma vida feliz.

THINK BIG – Pense Grande
O Poder para Criar o Seu Futuro
IRH Press do Brasil

A ação começa dentro da mente. A capacidade de criar de cada pessoa é limitada por sua capacidade de pensar. Com este livro, você aprenderá o verdadeiro significado do Pensamento Positivo e como usá-lo de forma efetiva para concretizar seus sonhos.

Mude Sua Vida, Mude o Mundo
Um Guia Espiritual para Viver Agora
IRH Press do Brasil

Este livro é uma mensagem de esperança, que contém a solução para o estado de crise em que vivemos hoje. É um chamado para nos fazer despertar para a Verdade de nossa ascendência, a fim de que todos nós possamos reconstruir o planeta e transformá-lo numa terra de paz, prosperidade e felicidade.

O Milagre da Meditação
Conquiste Paz, Alegria e Poder Interior
IRH Press do Brasil

A meditação pode abrir sua mente para o potencial de transformação que existe dentro de você e conecta sua alma à sabedoria celestial, tudo pela força da fé. Este livro combina o poder da fé e a prática da meditação para ajudá-lo a conquistar paz interior e cultivar uma vida repleta de altruísmo e compaixão.

Gestão Empresarial – *Os Conceitos Fundamentais para a Prosperidade nos Negócios*
IRH Press do Brasil

Uma obra muito útil tanto para os gestores empresariais como para aqueles que pretendem ingressar no mundo dos negócios. Os princípios aqui ensinados podem transformar um pequeno empreendimento em uma grande empresa, do porte daquelas cujas ações são negociadas na Bolsa de Valores.

A Mente Inabalável
Como Superar as Dificuldades da Vida
IRH Press do Brasil

Para o autor, a melhor solução para lidar com os obstáculos da vida – sejam eles problemas pessoais ou profissionais, tragédias inesperadas ou dificuldades contínuas – é ter uma mente inabalável. E você pode conquistar isso ao adquirir confiança em si mesmo e alcançar o crescimento espiritual.

• Outros livros de Ryuho Okawa •

Mente Próspera – *Desenvolva uma mentalidade para atrair riquezas infinitas*
IRH Press do Brasil

Okawa afirma que não há problema em querer ganhar dinheiro se você procura trazer algum benefício à sociedade. Ele dá orientações valiosas como: a atitude mental de *não rejeitar a riqueza*, a filosofia do *dinheiro é tempo*, como manter os espíritos da pobreza afastados, entre outros.

Trabalho e Amor
Como Construir uma Carreira Brilhante
IRH Press do Brasil

Okawa introduz dez princípios para você desenvolver sua vocação e conferir valor, propósito e uma devoção de coração ao seu trabalho. Você irá descobrir princípios que propiciam: atitude mental voltada para o desenvolvimento e a liderança; avanço na carreira; saúde e vitalidade duradouras.

Pensamento Vencedor
Estratégia para Transformar o Fracasso em Sucesso
Editora Cultrix

Esse pensamento baseia-se nos ensinamentos de reflexão e desenvolvimento necessários para superar as dificuldades da vida e obter prosperidade. Ao estudar a filosofia contida neste livro e colocá-la em prática, você será capaz de declarar que não existe essa coisa chamada *derrota* – só existe o *sucesso*.

SÉRIE FELICIDADE

O Caminho da Felicidade
Torne-se um Anjo na Terra
IRH Press do Brasil

Aqui se encontra a íntegra dos ensinamentos de Ryuho Okawa e que servem de introdução aos que buscam o aperfeiçoamento espiritual: são *Verdades Universais* que podem transformar sua vida e conduzi-lo para o caminho da felicidade.

Manifesto do Partido da Realização da Felicidade
Um Projeto para o Futuro de uma Nação
IRH Press do Brasil

Nesta obra, o autor declara: "Devemos mobilizar o potencial das pessoas que reconhecem a existência de Deus e de Buda, além de acreditar na Verdade, e trabalhar para construir uma utopia mundial. Devemos fazer do Japão o ponto de partida de nossas atividades políticas e causar impacto no mundo todo".

Ame, Nutra e Perdoe
Um Guia Capaz de Iluminar Sua Vida
IRH Press do Brasil

O autor revela os segredos para o crescimento espiritual por meio dos *Estágios do amor*. Cada estágio representa um nível de elevação. O objetivo do aprimoramento da alma humana na Terra é progredir por esses estágios e desenvolver uma nova visão do amor.

• Outros livros de Ryuho Okawa •

Convite à Felicidade
7 Inspirações do Seu Anjo Interior
IRH Press do Brasil

Este livro traz métodos práticos que ajudarão você a criar novos hábitos para ter uma vida mais leve, despreocupada, satisfatória e feliz. Por meio de sete inspirações, você será guiado até o anjo que existe em seu interior: a força que o ajuda a obter coragem e inspiração e ser verdadeiro consigo mesmo.

A Essência de Buda – *O Caminho da Iluminação e da Espiritualidade Superior*
IRH Press do Brasil

Este guia almeja orientar aqueles que estão em busca da iluminação. Você descobrirá que os fundamentos espiritualistas, tão difundidos hoje, na verdade foram ensinados por Buda Shakyamuni, como os Oito Corretos Caminhos, as Seis Perfeições, a Lei de Causa e Efeito e o Carma, entre outros.

Curando a Si Mesmo
A Verdadeira Relação entre Corpo e Espírito
Editora Cultrix

Com este livro sua vida mudará por completo e você descobrirá a verdade sobre a mente e o corpo. Ele contém revelações sobre o funcionamento da possessão espiritual e como podemos nos livrar dela; mostra os segredos do funcionamento da alma e como o corpo humano está ligado ao plano espiritual.

A Verdade sobre o Mundo Espiritual
Guia para uma vida feliz
IRH Press do Brasil

Em forma de perguntas e respostas, este precioso manual vai ajudá-lo a compreender diversas questões importantes sobre o mundo espiritual. Entre elas: o que acontece com as pessoas depois que morrem? Qual é a verdadeira forma do Céu e do Inferno? O tempo de vida de uma pessoa está predeterminado?

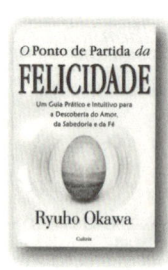

O Ponto de Partida da Felicidade
– Um Guia Prático e Intuitivo para Descobrir o Amor, a Sabedoria e a Fé. Editora Cultrix

Como seres humanos, viemos a este mundo sem nada e sem nada o deixaremos. Podemos nos dedicar a conquistar bens materiais ou buscar o verdadeiro caminho da felicidade – construído com o amor que dá, que acolhe a luz. Okawa nos mostra como alcançar a felicidade e ter uma vida plena de sentido.

As Chaves da Felicidade *– Os 10 Princípios para Manifestar a Sua Natureza Divina*
Editora Cultrix

Neste livro, o autor ensina de forma simples e prática os dez princípios básicos – Felicidade, Amor, Coração, Iluminação, Desenvolvimento, Conhecimento, Utopia, Salvação, Reflexão e Oração – que servem de bússola para nosso crescimento espiritual e nossa felicidade.